EXLIBRIS

MIX
Papier aus verantwortungsvollen Quellen
FSC® C002795

Mineralöl freie Druckfarbe

5 4 3 2 1 26 25 24 23 22
ISBN 978-3-649-64225-1

Hafenweg 30, 48155 Münster, Germany
Konzept: Coppenrath Verlag
Layout und grafische Gestaltung: Stefanie Wawer
Botanische Illustrationen: Sammlung Augustina
Stiche: Shutterstock.com
Textsammlung: Ute Maack
Redaktion: Christina Bloem

Printed in Latvia

www.coppenrath.de

Wellen, Wind und neue Horizonte

Geschichten von Freiheit und Glück

COPPENRATH

INHALTS-VERZEICHNIS

N
W
E
S

Sehnsucht

Unterwegs: Vom Reisen

Vorbemerkung

ALS KIND HATTE ICH unter meinem Bett ein kleines Köfferchen, weil ich immer bereit sein wollte aufzubrechen. Darin waren eine Schokolade, ein gekochtes Ei, das ich von Zeit zu Zeit erneuerte, ein Taschenmesser und eine Badehose. Also meine persönlichen Utensilien für eine Weltreise. Außerdem gab es Dinge, die immerzu Fernweh bei mir auslösten. Etwa das Radio – drückte man die Tasten für »Kurzwelle« oder »Langwelle« und drehte dann vorsichtig am Rad für die Senderwahl, übersprang man in Millimetern Klangräume, geographische Räume. Es wimmerte der Muezzin, es läuteten die Glocken des Vatikans, ein Schuss fiel, ein Reporter schrie gegen den fallenden Regen an, ein Signal schrillte, Pferdehufe galoppierten, Meereswogen brandeten, Volksmengen applaudierten.

Die Frequenzen jaulten und zwitscherten, die Stimmen klangen mal blechern und fern, mal warm, wie direkt in die Stoffbespannung geatmet. Sie sangen sinnlos, wo doch alle Welt in Aufruhr, sie predigten, wo doch eben noch der Schuss gefallen war. Alles redete durcheinander, in allen Sprachen, jeder wollte was. Man konnte Kamele ziehen, Segelschiffe gegen die Wellen kämpfen sehen, man hörte die Winde Tausende von Kilometern entfernt in die Mikrophone knattern, bekam einen Fetzen Wetterbericht aus Abu Dhabi, ein afrikanisches Gebet, einen Sportbericht aus Amerika. Irgendwo wurde getanzt, irgendwo eine Konferenz eröffnet. Irgendwo wurde zu Bett gegangen, irgendwo der neue Tag begrüßt. Alle Tageszeiten waren gleichzeitig da, alle Kontinente, alle in anderen Sprachen und Jahreszeiten, alle mit anderen Problemen und Aufregungen. Dies war die erste ganze Welt, die ich kannte, und jeder Ton, der mich erreichte, kam von einem ihrer Enden. Mit all dieser Musik, dem Stimmenwirrwarr und Tumult im Ohr, ging ich dann von dem Hügel, auf dem unser Haus stand, ins Unterdorf, legte mein Ohr an den einzigen Schienenstrang und wusste: Dieser Strang verbindet mich mit Konstantinopel.

Aus der Materialsammlung »Das mir. Reiseerzählungen«

Roger Willemsen

Die Kunst, falsch zu reisen

Wem Gott will rechte Gunst erweisen, den schickt er in die –

»Alice! Peter! Sonja! Legt mal die Tasche hier in das Gepäcknetz, nein, da! Gott, ob einem die Kinder wohl mal helfen! Fritz, iss jetzt nicht alle Brötchen auf! Du hast eben gegessen!«

in die weite Welt!

Wenn du reisen willst, verlange von der Gegend, in die du reist, *alles*: schöne Natur, den Komfort der Großstadt, kunstgeschichtliche Altertümer, billige Preise, Meer, Gebirge – also: vorn die Ostsee und hinten die Leipziger Straße. Ist das nicht vorhanden, dann schimpfe.

Wenn du reist, nimm um Gottes willen keine Rücksicht auf deine Mitreisenden – sie legen es dir als Schwäche aus. Du hast bezahlt – die andern fahren alle umsonst. Bedenke, dass es von ungeheurer Wichtigkeit ist, ob du einen Fensterplatz hast oder nicht; dass im Nichtraucher-Abteil einer raucht, muss sofort und in den schärfsten Ausdrücken gerügt werden – ist der Schaffner nicht da, dann vertritt ihn einstweilen und sei Polizei, Staat und rächende Nemesis in einem. Das verschönt die Reise. Sei überhaupt unliebenswürdig – daran erkennt man den *Mann*.

Im Hotel bestellst du am besten ein Zimmer und fährst dann anderswohin. Bestell das Zimmer nicht ab; das hast du nicht nötig – nur nicht weich werden.

Bist du im Hotel angekommen, so schreib deinen Namen mit allen Titeln ein ... Hast du keinen Titel ... Verzeihung ... ich meine: Wenn einer keinen Titel hat, dann erfinde er sich einen. Schreib nicht: »Kaufmann«, schreib: »Generaldirektor«. Das hebt sehr. Geh sodann unter heftigem Türenschlagen in dein Zimmer, gib um Gottes willen dem Stubenmädchen, von dem du ein paar Kleinigkeiten extra verlangst, kein Trinkgeld, das verdirbt das Volk; reinige deine staubigen Stiefel mit dem Handtuch, wirf ein Glas entzwei (sag es aber keinem, der Hotelier hat so viele Gläser!), und begib dich sodann auf die Wanderung durch die fremde Stadt.

In der fremden Stadt musst du zuerst einmal alles genau so haben wollen, wie es bei dir zu Hause ist – hat die Stadt das nicht, dann taugt sie nichts. Die Leute müssen also rechts fahren, dasselbe Telefon haben wie du, dieselbe Anordnung der Speisekarte und dieselben Retiraden. Im Übrigen sieh dir nur die Sehenswürdigkeiten an, die im Baedeker stehen. Treibe die deinen erbarmungslos an alles heran, was im Reisehandbuch einen Stern hat – lauf blind an allem andern vorüber, und vor allem: Rüste dich richtig aus. Bei Spaziergängen durch fremde Städte trägt man am besten kurze Gebirgshosen, einen kleinen grünen Hut (mit Rasierpinsel), schwere Nagelschuhe (für Museen sehr geeignet) und einen derben Knotenstock. Anseilen nur in Städten von 500 000 Einwohnern aufwärts.

Wenn deine Frau vor Müdigkeit umfällt, ist der richtige Augenblick gekommen, auf einen Aussichtsturm oder auf das Rathaus zu steigen; wenn man schon mal in der Fremde ist, muss man alles mitnehmen, was sie einem bietet. Verschwimmen dir zum Schluss die Einzelheiten vor Augen, so kannst du voller Stolz sagen: Ich hab's geschafft.

Mach dir einen Kostenvoranschlag, bevor du reist, und zwar auf den Pfennig genau, möglichst um hundert Mark zu gering – man kann das immer einsparen. Dadurch nämlich, dass man überall handelt; dergleichen macht beliebt und heitert überhaupt die Reise auf. Fahr lieber noch ein Endchen weiter, als es dein Geldbeutel gestattet, und bring den Rest dadurch ein, dass du zu Fuß gehst, wo die Wagenfahrt angenehmer ist; dass du zu wenig Trinkgelder gibst; und dass du überhaupt in jedem Fremden einen Aasgeier siehst. Vergiss dabei nie die Hauptregel jeder gesunden Reise:

Ärgere dich!

Sprich mit deiner Frau nur von den kleinen Sorgen des Alltags. Koch noch einmal allen Kummer auf, den du zu Hause im Büro gehabt hast; vergiss überhaupt nie, dass du einen Beruf hast.

Wenn du reisest, so sei das Erste, was du nach jeder Ankunft in einem fremden Ort zu tun hast: Ansichtskarten zu schreiben. Die Ansichtskarten brauchst du nicht zu bestellen: Der Kellner sieht schon, dass du welche haben willst. Schreib unleserlich – das lässt auf gute Laune schließen. Schreib überall Ansichtskarten: auf der Bahn, in der Tropfsteingrotte, auf den Bergesgipfeln und im schwankenden Kahn. Brich dabei den Füllbleistift ab und gieß Tinte aus dem Federhalter. Dann schimpfe.

Das Grundgesetz jeder richtigen Reise ist: es muss was los sein – und du musst etwas »vorhaben«. Sonst ist die Reise keine Reise. Jede Ausspannung von Beruf und Arbeit beruht darin, dass man sich ein genaues Programm macht, es aber nicht innehält – hast du es nicht innegehalten, gib deiner Frau die Schuld.

Verlang überall ländliche Stille; ist sie da, schimpfe, dass nichts los ist. Eine anständige Sommerfrische besteht in einer Anhäufung derselben Menschen, die du bei dir zu Hause siehst, sowie in einer Gebirgsbar, einem Oceandancing und einer Weinabteilung. Besuche dergleichen – halte dich dabei aber an deine gute, bewährte Tracht: kurze Hose, kleiner Hut (siehe oben). Sieh dich sodann im Raume um und sprich: »Na, elegant ist es hier gerade nicht!« Haben die andern einen Smoking an, so sagst du am besten: »Fatzkerei, auf die Reise einen Smoking mitzunehmen!« – hast du einen an, die andern aber nicht, mach mit deiner Frau Krach. Mach überhaupt mit deiner Frau Krach.

Durcheile die fremden Städte und Dörfer – wenn dir die Zunge nicht heraushängt, hast du falsch disponiert; außerdem ist der Zug, den du noch erreichen musst, wichtiger als eine stille Abendstunde. Stille Abendstunden sind Mumpitz; dazu reist man nicht.

Auf der Reise muss alles etwas besser sein, als du es zu Hause hast. Schieb dem Kellner die nicht gut eingekühlte Flasche Wein mit einer Miene zurück, in der geschrieben steht: »Wenn mir mein Haushofmeister den Wein so aus dem Keller bringt, ist er entlassen!« Tu immer so, als seist du aufgewachsen bei ...

Mit den lächerlichen Einheimischen sprich auf alle Fälle gleich von Politik, Religion und dem Krieg. Halte mit deiner Meinung nicht hinterm Berg, sag alles frei heraus! Immer gib ihm! Sprich laut, damit man dich hört – viele fremde Völker sind ohnehin schwerhörig. Wenn du dich amüsierst, dann lach, aber so laut, dass sich die andern ärgern, die in ihrer Dummheit nicht wissen, worüber du lachst. Sprichst du fremde Sprachen nicht sehr gut, dann schrei: Man versteht dich dann besser.

Lass dir nicht imponieren.

Seid ihr mehrere Männer, so ist es gut, wenn ihr an hohen Aussichtspunkten etwas im Vierfarbendruck singt. Die Natur hat das gerne.

Handele. Schimpfe. Ärgere dich. Und mach Betrieb.

Die Kunst, richtig zu reisen.

Entwirf deinen Reiseplan im Großen – und lass dich im Einzelnen von der bunten Stunde treiben.

Die größte Sehenswürdigkeit, die es gibt, ist die Welt – sieh sie dir an.

Niemand hat heute ein so vollkommenes Weltbild, dass er alles verstehen und würdigen kann: Hab den Mut, zu sagen, dass du von einer Sache nichts verstehst.

Nimm die kleinen Schwierigkeiten der Reise nicht so wichtig; bleibst du einmal auf einer Zwischenstation sitzen, dann freu dich, dass du am Leben bist, sieh dir die Hühner an und die ernsthaften Ziegen, und mach einen kleinen Schwatz mit dem Mann im Zigarrenladen.

Entspanne dich. Lass das Steuer los. Trudele durch die Welt. Sie ist so schön: Gib dich ihr hin, und sie wird sich dir geben.

Kurt Tucholsky

MODERNES REISEN

ZU DEN EIGENTÜMLICHKEITEN unserer Zeit gehört das Massenreisen. Sonst reisten bevorzugte Individuen, jetzt reist jeder und jede. Kanzlistenfrauen besuchen einen klimatischen Kurort am Fuße des Kyffhäuser, behäbige Budiker werden in einem Lehnstuhl die Koppe hinaufgetragen, und Mitglieder einer kleinstädtischen Schützengilde lesen bewundernd im Schlosse zu Reinhardsbrunn, dass Herzog Ernst in fünfundzwanzig Jahren 50,157 Stück Wild getötet habe. Sie notieren sich die imposante Zahl ins Taschenbuch und freuen sich auf den Tag, wo sie in Muße werden ausrechnen können, wie viel Stück auf den Tag kommen.

Alle Welt reist. So gewiss in alten Tagen eine Wetter-Unterhaltung war, so gewiss ist jetzt eine Reiseunterhaltung. »Wo waren Sie in diesem Sommer«, heißt es von Oktober bis Weihnachten; »wohin werden Sie sich im nächsten Sommer wenden?«, heißt es von Weihnachten bis Ostern; viele Menschen betrachten elf Monate des Jahres nur als eine Vorbereitung auf den zwölften, nur als die Leiter, die auf die Höhe des Daseins führt. Um dieses Zwölftels willen wird gelebt, für dieses Zwölftel wird gedacht und gedarbt; die Wohnung wird immer enger und die Herrschaft des Schlafsofas immer souveräner, aber »der Juli bringt es wieder ein«. Ein staubgrauer Reiseanzug schwebt vor der angenehm erregten Fantasie der Tochter, während die Mutter dem verlegenen Oberhaupt der Familie zuflüstert: »Vergiss nicht, dass du mir immer noch die Hochzeitsreise schuldest.« So hofft es und heißt es in vielen tausend Familien. Wie sich die Kinder auf den Christbaum freuen, so freuen sich die Erwachsenen auf Mitsommerzeit; die Anzeigen der Saisonbillets werden begieriger gesucht als die Weihnachtsannoncen; elf Monate *muss* man leben, den zwölften will man leben. Jede Prosaexistenz sehnt sich danach, alljährlich einmal in poetischer Blüte zu stehen.

Die Mode und die Eitelkeit haben ihren starken Anteil an dieser Erscheinung, aber in den weitaus meisten Fällen liegt ein *Bedürfnis* vor. Was der Schlaf im engen Kreise der 24 Stunden ist, das ist das Reisen in dem weiten Kreise der 365 Tage.

Der moderne Mensch, angestrengter, wie er wird, bedarf auch größerer Erholung. *Findet er sie?* Findet er das erhoffte Glück?

Ja und nein, je nachdem wir das eine oder andere unter Reisen verstehen. Heißt reisen »einen Sommer*aufenthalt* nehmen«, so ist das Glück nicht nur möglich, sondern bei leidlich normaler Charakterbeschaffenheit sogar wahrscheinlich; heißt reisen aber »dauernde Fortbewegung«, will sagen beständiger Wechsel von Eisenbahnen und Hotels, woran sich Bergerkletterungen und Ähnliches bloß anschließen, so muss man es gut treffen oder sehr bescheiden und sehr geduldig sein, um von seiner Reise das zu haben, was man wünscht: Freude, Glück.

In der Tat, es dreht sich alles um den Gegensatz von Sommer*frischler* und Sommer*reisenden.*

Betrachten wir zunächst den Sommer*frischler*, den Repräsentanten der guten Reiseseite.

Der kleine Beamte, der Oberlehrer, der Stadtrichter, der Archidiakonus, die sich in ein eben entdecktes Dünendorf begeben, wo ihnen gelegentlich die Aufgabe zufällt, den allerursprünglichsten Strandhafer abzuwohnen, diese alle können, wenn sie mit Sack und Pack und ausgerüstet wie eine Auswandererfamilie in ihrer Fischerhütte einziehn, unter Segeltuch und ausgespannten Netzen ein höchst glückliches Dasein führen. Sie werden, eh die Biederherzigkeit der alten Teerjacke, die erfahrungsmäßig höchstens drei Sommer aushält, in Gewinnsucht untergeht, für ein Billiges leben und die unvermeidlichen Ausgaben der eigentlichen Reise, der Lokomotion [Fortbewegung] als solcher, durch andauernden Blaubeeren- und Flundergenuss wieder balancieren können; die Kinder werden primitive Hafenanlagen im Sande machen, und die erwachsenen Töchter Muscheln und Bernstein suchen; unsagbar alte Garderobenstücke werden aufgetragen, Reminiszenzen an Cooper und Marryat neu belebt, vor allem auch Abmachungen auf Lieferung von Spickaal und Sprotten getroffen werden. Im Ganzen wird man dankbar und wohlbefriedigt in die Heimat zurückkehren, gefestigt in allem Guten und gewachsen in der Kraft, die uns jede intimere Berührung mit der Natur zu geben pflegt. Nur vereinzelt unangenehme Eindrücke und Erfahrungen werden den Frieden einer solchen Sommerfrische gestört haben und der endliche Reiseüberschlag wird ergeben, dass man sich diese Erholung ohne nachträgliche Gewissensbisse wohl gönnen durfte. »Die Extrafahrt nach Putbus war zwar teuer, aber bedenken wir auch, es ist eine Erinnerung fürs Leben.«

So oder ähnlich wird es vielerorten heißen, und wenn ich Umschau halte, will es mir erscheinen, dass sich solche, in der Bescheidenheit ihrer Ansprüche Befriedigten immer noch zu Tausenden finden müssen, nicht bloß an der Ostseeküste hin, auch in Schlesien, am Oberharz und in den Tälern und Bergkesseln des Thüringer Waldes. Aber alle freilich, wie ich wiederholen muss, werden dieses ungetrübten Glückes nur teilhaftig geworden sein, wenn sie während ihrer Reisezeit sich damit begnügten, in gewissem Sinne zu den Halbnomaden zu zählen, mit anderen Worten, wenn sie vier Wochen lang auf ein und derselben Gebirgs- oder Strandoase aushielten.

So viel über den Sommer*frischler*, einen »Glücklichen«.

Aber sehr anders, wie schon angedeutet, liegt es bei dem Sommer*reisenden*, der, wenn nicht beständig, so doch vielfach unterwegs, immer in der Gefahr schwebt, seine Lagerstätte wechseln zu müssen. Es ist nicht zu leugnen, das Glück des mehr oder weniger sesshaften »Frischlers« ist für den eigentlichen Reisenden, für den Tag um Tag seine Weideplätze wechselnden Vollnomaden, nicht da. Keine wirkliche Wüstenfahrt, was sonst immer ihre Schrecken sein mögen, kann verdrießlicher und Räuberumschwärmter sein. Auch in Sachen der Fata Morgana hat der eigentliche Tourist zu leiden wie nur je ein Wüstenfahrer. Immer neue Hotelschlösser tauchen ver-

In der Tat, es dreht sich alles um den Gegensatz von Sommerfrischler und Sommerreisenden. Betrachten wir zunächst den Sommerfrischler, den Repräsentanten der guten Reiseseite.

heißungsvoll am Horizonte vor ihm auf, aber der Moment der Erreichung ist auch jedes Mal ein Moment der Enttäuschung für ihn. Er findet Kühle, nicht Kühlung.

Ist das alles ein Unvermeidliches?

Nein. Nichts davon, dass man es nicht anders gewollt, dass man ja das Recht gehabt habe, ruhig zu Hause zu bleiben, und dass jeder, der sich leichtsinnig in Gefahr begäbe, nicht erstaunt sein dürfe, darin umzukommen. Dies alles ist nicht nur falsch, es ist auch hart und grausam, denn die Reisebenötigung, die bestritten werden soll, ist wirklich da. So gewiss für den Durstverschmachteten ein Zwang da ist zu trinken, so gewiss ist auch für den staub- und arbeitsvertrockneten Residenzler ein Zwang da nach einem Trunke frischer Luft, und wer ihm diesen Trunk verbittert und verteuert, der tut viel Schlimmeres als die Brauwirte, die dem Volke das Bier verteuern. Und doch geschieht es. Ja die traurige Erscheinung tritt ein, dass mit dem Wachsen des Bedürfnisses auch die Unmöglichkeit wächst, dieses Bedürfnis zu befriedigen. Der vorhandene Notstand, statt die Frage anzuregen: »Wie heben wir ihn?«, regt nur die Frage an: »Wie beuten wir ihn aus?«. Der Reisedrang, je allgemeiner er geworden ist, hat nicht Willfährigkeit und Entgegenkommen, sondern das Gegenteil davon erzeugt. Vielfach reine Wegelagerei. *Wirte*, *Mietskutscher* und *Führer* überbieten sich in Gewinnsucht und Rücksichtslosigkeit, und wer – im Gegensatz zu den vorgeschilderten, relativ sesshaften Reisenden – sein Reiseglück auf diese drei Karten gestellt hat, der wird freilich wohltun, mit niedrigsten Erwartungen in die Situation einzutreten.

War es immer so? Mitnichten. Wie ganz anders erwiesen sich die Wirte vergangener Tage! Nur noch Einzelexemplare kommen vor, an denen sich die Tugenden eines ausgestorbenen Geschlechts studieren lassen. Wer sie voll erkennen will, der lese die englischen Romane des vorigen Jahrhunderts. Auch noch in W. Scott finden sich solche Gestalten. Es gab nichts Liebenswürdigeres als solchen englischen Landlord, der in heiterer Würde seine Gäste auf dem Vorflur begrüßte und mit der Miene eines fürstlichen Menschenfreundes seine Weisungen gab. Er vertrat jeden Augenblick die Ehre seines Standes. Er war nicht dazu da, um in den drei Reisemonaten reich zu werden, still und allmählich sah er sein Vermögen wachsen und gab dem Sohne ein

Eigentum, das er selbst einst vom Vater empfangen hatte. Er waltete seines Amts aus gutem Herzen und guter Gewohnheit. Er war wie ein Patriarch; sein Gasthaus eine Zufluchtsstätte, ein Hospiz.

Auch in Deutschland gab es solche Gestalten, wenn auch vereinzelter, und ich entsinne mich selbst noch, wenn ich Ende der Zwanzigerjahre die damals viertägige Reise von der pommerschen Küste bis in meine ruppinsche Heimat machte, an solchen Wirtstafeln, namentlich in den mecklenburgischen Städten, gesessen zu haben. Eine geräuschlose Feierlichkeit herrschte vor, der Wirt gab nur den Anstoß zur Unterhaltung, dann schwieg er und belauschte klugen Auges die Wünsche jedes Einzelnen. Kam dann die Abreise, so mussten seine verbindlichen Formen den Glauben erwecken, man habe seinem Hause eine besondere Ehre erwiesen. Damals war jede Mittagsrast ein Vergnügen, jedes Nachtlager ein wohltuendes, von einer gewissen Poesie getragenes Ereignis. Ich denke noch mit Freuden an diese Ideal- und Idyllzeit des Reisens zurück.

Wie sind jetzt die Hotelerlebnisse des kleinen Reisenden! Ich antworte mit einer Schilderung, bei der ich (vielleicht leider) Persönliches in den Vordergrund treten lasse. Persönliches und mit ihm das bis hierher nach Möglichkeit zurückgehaltene Ich.

Der Zug hält. Es ist sieben Uhr abends. Jenseits des Schienenstranges steht die übliche Wagenburg von Omnibussen, Kremsern und Fiakern; Hotelkommissionäre, Fremdenführer, Kutscher machen die bekannte Sturmattacke, allen vorauf ein zehnjähriger Junge, der sich mit unheimlicher Geschicklichkeit der kleinen Reisetasche zu bemächtigen trachtet. Alles wird siegreich von mir abgeschlagen, aber nicht zu meinem Heil. Es empfiehlt sich nicht, zu Fuß zu kommen und die bekannten Fragen zu stellen. Ein mitteleleganter Oberkellner ritt, als ich in das Hotel eintrat, bereits auf seinem Drehschemel. »Kann ich ein Zimmer haben?« »Ich werde fragen.« Er frug aber nicht, schritt vielmehr gleich danach mit dem bekannten Silberblechleuchter die Treppe hinauf, mich der Mitteilung würdigend, »dass No. 7 soeben frei geworden sei«. Diese Mitteilung schien sich bestätigen zu sollen, denn beim Eintritt in die besagte Nummer fanden wir eine Magd bei dem herkömmlichen, in drei Akten: ausgießen, eingießen und überziehen sich vollziehenden Zimmerreinigungsprozess vor. Ich war nicht begierig, Zeuge dieser Einzelheiten zu sein, und zog mich deshalb lieber

Der Koffer, zumal der im Plural auftretende, gibt den Ausschlag und der mittel-deutsche mittlere Hotelwirt (in den besseren Häusern ist es besser) bemisst nach ihm das Maß seiner Gnaden, ohne sich auf irgendein anderes Kriterium einzulassen.

in den parterregelegenen Speisesaal zurück, um hier bei Beefsteak, Kulmbacher und den »Fliegenden Blättern«, nicht gerade Mitternacht, aber doch die zehnte Stunde heranzuwachen. Endlich war sie da; noch ein Sodawasser mit Cognac, und ich stieg wieder in meine nach dem Hof zu gelegene Stube hinauf, an deren niedriger Decke sich ein überklebter Balken hinzog. Oben angekommen, war mein Erstes, eins der beiden Fenster zu öffnen, da mich die eigentümliche Stubenatmosphäre mehr und mehr zu bedrücken begann. Es schien auch zu helfen. Und nun schob ich mich, müde, wie ich war, unter das Betttuch.

Ich mochte eine Viertelstunde geschlafen haben, als das Hinausfliegen mehrerer Stiefelpaare auf den Korridor und das Angespanntwerden eines Hotelomnibus (gleich nach 1 Uhr kam ein neuer Zug) mich aus tiefem Schlafe weckte. Zugleich empfand ich einen dumpfen Kopfschmerz, über dessen Ursache ich nicht lange in Zweifel bleiben sollte. Die »frische Nachtluft«, die ich, um der stickigen Stubenatmosphäre willen, einzulassen bemüht gewesen war, stieg leider nicht aus Himmelshöhen zu mir nieder, sondern aus Hofestiefen zu mir herauf und war ein Brodem, wie ihn jeder aus Erfahrung kennt, der, um etliche Jahrzehnte zurück, noch im alten Münchener Hofbräu seinen Krug getrunken hat. Nur hatt' ich hier die höhere Potenz.

Und an dieser Stelle mag ein kleiner Exkurs gestattet sein! Daheim an den Ufern unserer guten Spree gehört es zum guten Ton, über unsere Berliner Luft zu skandalisieren, und es soll unbestritten bleiben, sie könnte besser sein. Aber was will die durchschnittliche Berliner Hausatmosphäre im Vergleich zu dem Dunstkreise sagen, der in den meisten Hotels und Nicht-Hotels Sachsen-Thüringens heimisch ist. Die Berliner Luft, auch wo sie am schlimmsten auftritt, ist ein Parvenu wie die Stadt selbst, jung, ohne Geschichte, ohne infernale Vertiefung. So schlecht sie sein mag, sie ist einfach, unkompliziert, sozusagen frisch von der Quelle weg. Wie anders dagegen die Hausatmosphäre in den Frühkulturgegenden Mitteldeutschlands! Altehrwürdig tritt sie auf, und man kann ohne Übertreibung sagen: Die Jahrhunderte haben an ihr gebraut. Sie ist geworden, vor allem sie ist undefinierbar, und wie man vom Kölnischen Wasser gesagt hat, das Geheimnis seiner Schöne läge in der Lagerung, sodass schließlich die Mannigfaltigkeit in einer höheren Einheit unterginge, so auch hier. Nur haben wir hier den Revers der Medaille.

Was aus Hofestiefen in mein Zimmer einströmte, gewann mehr und mehr an Gehalt, sodass ich als nächstes Rettungsmittel das Fenster schloss. Aber die Geister, die ich gerufen hatte, waren so schnell nicht wieder zu bannen. Sie waren mit mir, um mich und schienen wenig geneigt, sich so ohne Weiteres austilgen zu lassen. Alle kleineren Mittel scheiterten; da kam mir der Gedanke, den Teufel durch Beelzebub auszutreiben. Ich steckte die »Bougies« an, ließ diese brennen, bis sich eine Schnuppe gebildet hatte, und blies sie dann aus. Nachdem ich dies Verfahren dreimal wiederholt hatte, hatte ich eine Art grönländische Hüttenatmosphäre hergestellt, in deren Rauch und Qualm die »Frische der Nachtluft« endlich glücklich unterging.

Der nächste Morgen sah mich ziemlich spät an der Frühstückstafel. Der Wirt stand abwechselnd hinter und neben meinem Stuhl, was ich anfänglich geneigt war, als eine Auszeichnung anzusehen, bis ich gewahr wurde, dass die wirklichen Gegenstände seiner Aufmerksamkeit mir gegenübersaßen: eine kinder- und kofferreiche Familie, die den Abend vorher und beinah gleichzeitig mit mir eingetroffen war. Der Koffer, zumal der im Plural auftretende, gibt den Ausschlag und der mitteldeutsche mittlere Hotelwirt (in den besseren Häusern ist es besser) bemisst nach ihm das Maß seiner Gnaden, ohne sich auf irgendein anderes Kriterium einzulassen. Und wie der Herr, so die Diener. Nur im Moment der Zahlung rücken die Kleinen sofort in die Rechte der Großen ein, und während bis dahin alles, was ihnen geleistet wurde, auf der Höhe eines Maulwurfshügels stand, tritt jetzt die Rechnungsforderung wie ein Finsteraarhorn an sie heran. Und in diesem Vergleich ist der ganze, auf die Dauer unertragbare Zustand gekennzeichnet! Was in allem waltet, ist ein kolossales *Missverhältnis*; weder der Ton, der herrscht, noch der Wert dessen, was geboten wird, entspricht dem Preise, der gezahlt werden soll. Über den einzelnen Fall wär' es unschwer hinwegzukommen, aber die Fülle der Einzelfälle erzeugt schließlich einen Groll, der fast mehr noch in der Unbill, der man sich ausgesetzt fühlt, als in den direkten Einbußen seine Wurzel hat. Ein Gefühl von Ungehörigkeit, und zwar nicht bloß in Geldsachen, begleitet den Reisenden von Stunde zu Stunde und bringt ihn recht eigentlich um den Zweck seiner und jeder Reise, um die Glättung und Ruhigmachung seines Gemüts. Er will den Vibrierungen entfliehen und zittert häufiger als daheim. Ärger hängt sich an Ärger, und der nach nervenstillendem Ozon verlangende Körper findet jene vorbeschriebene »frische Nachtluft«, die ihn bis an den Rand des Typhus bringt. Die Prätensionen und die Preise richten sich womöglich nach dem Clarendon-Hotel in London, während doch der alte Herbergscharakter immer noch umgeht und sich wie Banquo, die Gäste schreckend, mit zu Tische setzt.

Auf die eine oder andere Weise muss hier Wandel geschafft, müssen die *Leistungen höher oder die Preise niedriger werden.* Das Letztere wäre das Bessere und ein wahrer Segen. Weg mit dem abgetretenen, lächerlichen Teppichfetzen, weg mit der tabaksverqualmten Goldtapete, weg mit dem schäbigen Plüschsofa und der türkisch geblümten Steppdecke, deren bunte Dunkelfarbe jede Möglichkeit zulässt, vor allem weg mit dem großen Reisetyrannen, dem *Table d'hote's-Unsinn*, weg mit den sieben Gängen, die bis zum letzten Bissen nichts repräsentieren als einen Wettlauf zwischen Hungrigbleiben und Langeweile. Denn wer wäre je an Leib gesättigt und an Seele erfrischt von diesem Zwei-Stunden-Martyrium aufgestanden! Statt dieses elenden Plunders eine gut ventilierte Stube, ein Stuhl und ein Tisch, eine Matratze und eine wollene Zudecke; vor allem die Freiheit, essen zu können, was man will und wann man will. Die Herren Wirte sind des Publikums willen da, nicht das Publikum der Wirte willen. Aber überall verkehrt sich der natürliche Lauf der Dinge, und gegen die Verkehrtheit ankämpfende Gemeinplätze werden wieder zu Weisheitsregeln.

Theodor Fontane

HAVANNA, NEW YORK, SURABAYA …

HAVANNA, NEW YORK, Surabaya, Dakar, Abidjan, Sankt Petersburg, Saigon, Timbuktu. Jede einzelne dieser Städte umschwärmt von einer Aura. So wie Personen Charisma haben, so können Städte Charisma haben. Wir stellen plötzlich fest: Indem sie das haben, lösen sie Versprechen aus. Sie lösen ein Versprechen aus, das mit dem Konjunktiv zu tun hat, sie fragen: Wer wäre ich? Wer könnte ich sein? Wer hätte ich sein müssen in dieser Stadt?

Diese Form der Selbsterneuerung, der Erfahrung, die mit der Konfrontation mit der Fremde zu tun hat, mit dem Nichtdurchschauen, mit dem Unpraktischen, mit dem Nichteffizienten, mit alldem, was nicht zu meinem genuinen Erfahrungsraum gehört, das ist es, was so etwas wie das Versprechen von Städten ausmacht.

Und indem wir dieser Spur folgen, stellen wir fest, dass es zwar etwas gibt, das wir »Fremde« nennen, das die fremde Stadt sein kann, dass wir aber in diesem Fremden sehr gerne das Vertraute suchen. Wenn es so ist, dann könnte es sein, dass wir nicht eigentlich Architekturen bereisen und nicht Kunstdenkmäler finden wollen, sondern dass wir in Situationen ankommen wollen, in einem Konflikt, in einem Geruch, in einer Umarmung. In etwas, das atmosphärisch verdichtet ist, das uns auf irgendeine diffuse Weise das Gefühl gibt, wirklich zu werden. Das ist das Kostbarste, was Lebensräume anbieten können: das Gefühl, in einem Augenblick wirklich zu werden.

Roger Willemsen

Unterwegs

AROUND THE WORLD IN 72 DAYS

2. Kapitel
DIE ABREISE

Am Donnerstag, den 14. November 1889, um 9 Uhr, vierzig Minuten und dreißig Sekunden begann ich meine Reise um die Welt.

Alle, die die Nacht für den besten Teil des Tages halten und finden, dass der Morgen zum Schlafen da ist, wissen, wie unangenehm es ist, aus irgendeinem Grund mit – nun ja, mit dem Milchmann aufstehen zu müssen.

Ich drehte mich noch einige Male um, bevor ich mich entschloss, mein Bett zu verlassen. Verschlafen fragte ich mich, weshalb mein Bett ausgerechnet jetzt so gemütlich war und warum der Schlummer, der die Gefahr birgt, einen Zug zu versäumen, so viel süßer ist als jene Stunden Schlafes, die frei von Verpflichtungen sind. Ich nahm mir halb vor, nach meiner Rückkehr gelegentlich so zu tun, als müsse ich dringend aufstehen, nur um in den Genuss des geraubten Schlafes zu gelangen, ohne dabei etwas zu verpassen. Über diesen Überlegungen nickte ich friedlich ein. Kurz darauf fuhr ich mit einem Schrecken hoch und fragte mich bestürzt, ob ich das Schiff noch rechtzeitig erreichen würde.

Natürlich wollte ich losfahren, aber ich dachte träge: Wenn einige dieser guten Leute, die mit so viel Zeitaufwand Flugmaschinen konstruieren, mit nur einem Teil ihrer Energie ein System erfinden könnten, nach dem Schiffe und Züge immer mittags oder später abfahren, so würden sie der leidenden Menschheit einen größeren Dienst erweisen.

Ich versuchte zu frühstücken, doch es war noch zu früh, um Essen herunterzubringen. Es nahte der letzte Augenblick daheim. Hastig küsste ich meine Lieben, und dann eilte ich blindlings die Treppe hinab, um den Kloß in meinem Hals loszuwerden, der mich beinahe die vor mir liegende Reise bereuen ließ. »Keine Sorge«, sagte ich aufmunternd, weil ich das furchtbare »Lebewohl« nicht über die Lippen brachte, »stellt euch einfach vor, ich mache Urlaub und amüsiere mich so gut wie noch nie.«

Auf dem Weg zum Schiff redete ich mir selbst Mut zu: »Es sind ja nur 45 000 Kilometer. Nur fünfundsiebzig Tage und vier Stunden und schon bin ich wieder zurück.«

Einige Freunde, die von meiner überstürzten Abreise wussten, waren zum Hafen gekommen, um mich zu verabschieden. Es war ein klarer und herrlicher Morgen, und solange das Schiff noch vertäut dalag, war alles gut. Als meine Freunde aber von Bord gehen sollten, wurde mir klar, was das für mich bedeutete.

»Sei tapfer«, sagten sie, während sie mir zum Abschied die Hand drückten. Ich sah, dass sie Tränen in den Augen hatten, und versuchte zu lächeln, damit ihre letzte Erinnerung an mich eine heitere wäre.

Und doch fühlte ich mich verloren, als das Abfahrtssignal ertönte. Sie standen am Kai und ich auf der Auguste Victoria, die sich langsam, aber sicher von alldem entfernte, das mir vertraut war, um mich in ferne Länder und zu fremden Menschen zu bringen.

Mir schwindelte, und mein Herz fühlte sich an, als müsste es zerspringen. Nur fünfundsiebzig Tage! Das kam mir wie eine Ewigkeit vor. Die Erde erschien mir plötzlich nicht mehr rund, sondern wie eine einzige Weite ohne Ende, und – ach, jetzt würde ich doch nicht mehr kehrtmachen.

Solange ich konnte, blickte ich auf die Menschen am Kai zurück. Ich war nicht so glücklich wie bei anderen Gelegenheiten in meinem Leben und verspürte das sentimentale Verlangen, mich von allem zu verabschieden.

»Jetzt fahre ich davon«, dachte ich traurig. »Werde ich jemals zurückkehren?«

Brütende Hitze, bittere Kälte, fürchterliche Stürme, Schiffsunglücke, Fieber – all diese Wohltaten hatte man mir vorhergesagt. Nun fühlte ich mich, wie sich jemand fühlen muss, der in einer Höhle in mitternächtlicher Finsternis gefangen ist und befürchtet, von allen möglichen Schreckgestalten verschlungen zu werden.

Der Morgen war wunderschön, und die Bucht sah reizend aus. Während das Schiff sanft und still dahinglitt, suchten die Menschen an Deck ihre Liegestühle und Decken zusammen und machten es sich darin bequem. Sie schienen entschlossen, es sich so lange wie möglich gut gehen zu lassen – schließlich wussten sie nicht, wann es sich jemand auf ihre Kosten gut gehen lassen würde.

Als der Lotse von Bord ging, eilten alle an die Reling, um ihn die Strickleiter hinabklettern zu sehen. Auch ich beobachtete ihn aufmerksam. Er aber kletterte hinunter in das Ruderboot, das ihn zum Lotsenboot bringen sollte, ohne uns zu beachten. Für ihn war es Routine, doch ich musste mich fragen, ob er, wenn das Schiff untergehen würde, es nicht bereuen würde, dass er sich nicht noch einmal umgeschaut oder etwas gesagt hatte.

»Jetzt beginnt Ihre Reise«, erklärte mir jemand. »Wenn der Lotse von Bord geht und der Kapitän das Kommando übernimmt, dann, und erst dann, beginnt unsere Fahrt. Von nun an sind Sie also unterwegs auf Ihrer Reise um die Welt.«

Irgendetwas an seiner Rede lenkte meine Gedanken auf das Übel der Seekrankheit. Ich hatte noch nie zuvor eine Schiffsreise unternommen und musste mich daher auf ein munteres Gerangel mit dem Fluch der Wellen einstellen.

»Ist Ihnen nicht gut?«, fragte man mich teilnahmsvoll. Das genügte; ich stürzte zur Reling. Tränenblind sah ich herab. Gleichgültig gegenüber dem Urteil der wilden Wellen gab ich meinem inneren Drang nach.

Was die Seekrankheit angeht, sind die meisten Leute nicht besonders mitfühlend. Nachdem ich mir die Tränen abgewischt hatte, wandte ich mich um und blickte in die amüsierten Gesichter der anderen Passagiere. Mir ist aufgefallen, dass sie sich immer genau auf der Seite des Schiffs aufhalten, auf der es plötzlich über einen kommt.

Ihr Lachen machte mir nichts aus, aber ein Mann höhnte: »Und sie will die Welt umrunden!«

In das anschließende Gelächter fiel ich ein. Insgeheim war ich selbst erstaunt über meine Kühnheit: eine solche Tat vollbringen zu wollen, obwohl ich an Schiffsreisen überhaupt nicht gewöhnt war! Dennoch hegte ich nicht den geringsten Zweifel am Ausgang meines Abenteuers.

Selbstverständlich ging ich trotzdem zum Mittagessen. Das taten alle Passagiere, und fast alle hatten es sehr eilig. Ich folgte ihnen, oder vielleicht ging ich auch als Erste, ich erinnere mich nicht mehr. Jedenfalls sah ich auf der ganzen Fahrt nie wieder so viele Menschen im Speisesaal.

Als das Essen serviert wurde, nahm ich mutig meinen Platz an der linken Seite des Kapitäns ein. Ich war entschlossen, meinen Impulsen zu widerstehen, doch im Grunde meines Herzens hatte ich die unbestimmte Ahnung, dass ich möglicherweise auf etwas gestoßen war, das stärker war als mein Wille.

Das Essen fing sehr angenehm an. Die Kellner bewegten sich beinahe lautlos, die Kapelle spielte eine Ouvertüre, und der gut aussehende und gesellige Kapitän Albers nahm seinen Platz am Kopfende des Tisches ein. Die an seinem Tisch platzierten Passagiere begannen mit einem Appetit zu essen, der nur mit der rasenden Fahrt eines Fluchtwagens auf freier Strecke vergleichbar ist. Ich war die Einzige am Kapitänstisch, die in der Seefahrt völlig unerfahren war – eine Tatsache, der ich mir ebenso schmerzhaft bewusst war wie meine Tischnachbarn.

Ich muss gestehen: Als die Suppe serviert wurde, war ich in peinliche Gedanken versunken und mit scheußlicher Furcht erfüllt. Alles war wunderbar, so wie ein unerwartetes Weihnachtsgeschenk, und ich gab mir die größte Mühe, den begeisterten Äußerungen meiner Tischgenossen über die Musik zu folgen. Insgeheim war ich jedoch mit einem Thema beschäftigt, über das man nicht sprach.

Mir war erst kalt, dann war mir warm. Ich dachte, ich könnte eine Woche fasten, ohne jemals wieder Appetit zu empfinden. Tatsächlich verspürte ich den sehnsüchtigen Wunsch, kein Essen mehr sehen oder riechen, geschweige denn es essen zu müssen, bevor ich entweder an Land oder zu einem besseren Einvernehmen mit mir selbst gelangte.

Als der Fisch serviert wurde und Kapitän Albers gerade eine gute Geschichte zum Besten gab, konnte ich mich nicht mehr beherrschen.

»Verzeihung«, flüsterte ich und stürmte hinaus, blindlings und wie von Sinnen. Man geleitete mich zu einem verschwiegenen Ort, wo ich meinen angestauten Gefühlen freien Lauf ließ und etwas zur Besinnung kam. Schließlich war ich wieder so weit hergestellt, dass ich mich entschloss, dem Rat des Kapitäns zu folgen und zu meinem angefangenen Essen zurückzukehren.

»Die einzige Methode, der Seekrankheit beizukommen, ist, sich zum Essen zu zwingen«, hatte mir der Kapitän erklärt, und ich fand dieses Mittel harmlos genug, um es auszuprobieren.

Am Tisch wurde ich mit Gratulationen zurückempfangen. Die schamvolle Befürchtung, dass ich mich bald wieder unpassend benehmen würde, versuchte ich zu verbergen. Doch es war bald wieder so weit, und ich verschwand ebenso schnell wie zuvor.

Und noch einmal kehrte ich zurück. Dieses Mal fühlte ich mich bereits etwas schwach, und mein Vertrauen in meine Entschlossenheit ließ nach. Als ich mich hinsetzte, bemerkte ich den belustigten Blick des Stewarts. Ich verbarg mein Gesicht in meinem Taschentuch und erreichte würgend die Tür des Speisesaals.

Die Bravorufe, mit denen ich bei meiner dritten Rückkehr an den Tisch empfangen wurde, ließen mich meine Fassung beinahe erneut verlieren. Erleichtert stellte ich fest, dass das Essen gerade beendet war, und dann besaß ich noch die Kühnheit zu sagen, es sei sehr gut gewesen!

Bald darauf ging ich zu Bett. Noch hatten die Passagiere untereinander keine Bekanntschaften geschlossen. Daher hielt ich es für angenehmer zu schlafen, als im Musiksaal zu sitzen und den anderen Passagieren bei ihren Beschäftigungen am ersten Tag auf See zuzusehen. Es war kurz nach sieben Uhr, als ich zu Bett ging. Später erinnerte ich mich dunkel daran, dass ich aufwachte, um etwas Tee zu trinken, aber abgesehen davon und von einigen schrecklichen Träumen, war das Nächste, von dem ich weiß, dass eine muntere Stimme an der Tür meinen Namen rief.

Als ich meine Augen aufschlug, sah ich die Stewardess und eine Passagierin in meiner Kabine und den Kapitän in der Tür stehen.

»Wir fürchteten, Sie seien tot«, erklärte mir der Kapitän, als er sah, dass ich wach war.

»Ich schlafe morgens immer lange«, erwiderte ich entschuldigend.

ALS ICH MEINE AUGEN AUFSCHLUG, SAH ICH DIE STEWARDESS UND EINE PASSAGIERIN IN MEINER KABINE UND DEN KAPITÄN IN DER TÜR STEHEN. »WIR FÜRCHTETEN, SIE SEIEN TOT«, ERKLÄRTE MIR DER KAPITÄN, ALS ER SAH, DASS ICH WACH WAR. »ICH SCHLAFE MORGENS IMMER LANGE«, ERWIDERTE ICH ENTSCHULDIGEND.

»Morgens!«, rief der Kapitän mit einem Lachen, in das die anderen einfielen. »Es ist halb fünf am Abend!«

»Doch sei's drum«, fügte er tröstend hinzu. »Wenn Sie gut geschlafen haben, wird es Ihnen guttun. Jetzt stehen Sie aber auf, und wir schauen mal, ob Sie ein ordentliches Essen vertragen können.«

Ich konnte. Ich aß von jedem Gang des Abendessens, ohne zurückzuweichen, und was noch außergewöhnlicher ist: Ich schlief in jener Nacht so gut wie nach einem Tag mit viel Bewegung an der frischen Luft.

Das Wetter war überaus schlecht, und das Meer war stürmisch, aber mir gefiel es. Meine Seekrankheit war verschwunden, doch ich war besessen von der Furcht, sie könnte zurückkehren. Trotzdem machte ich es mir bequem.

Die meisten Passagiere mieden den Speisesaal und nahmen ihre Mahlzeiten an Deck ein, wobei sie in einförmiger Beharrlichkeit ihre liegende Haltung beibehielten. Ein aufgewecktes und gescheites amerikanisches Mädchen reiste alleine nach Deutschland zu ihren Eltern. Voller Begeisterung nahm sie an allem teil, was dem Vergnügen zuträglich war. Sie redete viel und hatte zu allem eine Meinung. Ich habe selten, wenn überhaupt, jemanden wie sie getroffen. Gewandt erörterte sie sowohl auf Englisch als auch auf Deutsch alle möglichen Themen von der Mode bis zur Politik. Ihr Vater und ihr Onkel sind in der Öffentlichkeit bekannte Männer, und anhand der Konversation dieses Mädchens konnte man leicht erkennen, dass sie das Lieblingskind ihres Vaters war. Sie war so unbefangen, geistreich und fraulich. Kein Mann an Bord kannte sich mit Politik, Kunst, Literatur oder Musik besser aus als dieses blonde Mädchen, und dennoch war sie von allen am schnellsten dabei, wenn es darum ging, sich ein Wettrennen an Deck zu liefern.

Ich finde es ganz natürlich, dass Reisende ihre unschuldige Freude daran finden, die Eigenheiten ihrer Mitreisenden zu studieren. Wir waren erst wenige Tage unterwegs, als alle Anwesenden bereits ihre Meinungen über die Abwesenden ausgetauscht hatten. Ich würde nicht behaupten, dass solchermaßen erworbenes Wissen von irgendeinem Nutzen ist oder dass jene Passagiere, die sich zusammentaten, einander nicht ebenso interessant oder bemerkenswert gefunden hätten. Nichtsdestotrotz war es harmlos und bot uns einiges Vergnügen.

Ich weiß noch, wie man mir erzählte, es gebe unter den Passagieren einen Mann, der nach jeder Mahlzeit seinen Puls maß. Und es waren herzhafte Mahlzeiten, die er zu sich nahm, denn er litt nicht unter der Seekrankheit. Ich konnte kaum erwarten, dass man ihn mir zeigte, damit ich ihn beobachten könnte. Wäre es mein Puls gewesen statt seinem eigenen, den er so sorgfältig überwachte, ich hätte nicht teilnahmsvoller sein können. Jeden Tag wurde ich neugieriger, bis ich mich kaum noch zurückhalten konnte, ihn zu fragen, ob sein Puls vor den Mahlzeiten anstieg oder danach fiel und ob er morgens genauso hoch war wie abends.

Ich verlor fast das Interesse an jenem Mann, als ich auf jemanden aufmerksam wurde, der die Zahl der Schritte zu zählen pflegte, die er jeden Tag ging. Dieser wurde wiederum uninteressanter, als ich erfuhr, dass eine Frau, die sehr stark an der Seekrankheit litt, sich ihrer Kleidung nicht entledigt hatte, seit sie ihr Zuhause in New York verlassen hatte.

»Ich bin überzeugt, dass wir alle untergehen werden«, vertraute sie mir eines Tages an, »und ich bin entschlossen, wenigstens angekleidet unterzugehen.«

Danach wunderte ich mich nicht mehr, dass sie so entsetzlich seekrank war.

Eine Familie, die von New York zurück nach Paris zog, hatte einen kleinen silbernen Skyeterrier bei sich, der den sonderbaren Namen »Home Sweet Home« trug. Zum Glück für den Hund, und ebenso für alle, die mit ihm zu sprechen veranlasst waren, wurde sein Name mit »Homie« abgekürzt.

Homies Überfahrt war zwar bezahlt, nach den Vorschriften des Schiffes war er jedoch der Obhut des Fleischers unterstellt – sehr zur Empörung seines Herrchens und Frauchens. Homie war solch strenge Haltung bislang nicht gewohnt, und seine einzigen glücklichen Augenblicke waren diejenigen, in denen man ihn an Deck kommen ließ. Die Genehmigung wurde nur unter der Auflage erteilt, dass Homie sofort wieder nach unten müsse, wenn er bellte.

Ich fürchte, dass viele Stunden von Homies Gefangenschaft auf unsere Rechnung gehen, denn er hatte die Angewohnheit, wie wahnsinnig zu graben anzufangen, sobald jemand »Ratten« sagte, und wenn er grub, pflegte er seine Bemühungen mit kurzem, knappem Bellen zu unterstreichen.

Mit Bestürzung registrierten wir täglich, wie Homie vom Fleisch fiel. Wir wunderten uns, dass er an Gewicht verlor, während er in der Unterkunft des Fleischers eingesperrt war, doch wir schrieben diese Tatsache schließlich auch der Seekrankheit zu, der er wohl, ebenso wie einige der Passagiere, in der Abgeschlossenheit seiner Kabine nachgab.

Gegen Ende der Reise, als uns Würste und Hacksteak serviert wurden, wurde viel darüber getuschelt, ob Homie an jenem Tag schon gesehen worden war. Das Tuscheln wurde so besorgt, dass ich mich manchmal fragte, ob darin nicht eine Spur persönlicher Betroffenheit enthalten war, die über die Freundschaft zu dem Hündchen hinausging.

Immer wenn wir uns zu langweilen begannen, ließ Kapitän Albers sich etwas einfallen, um uns zu unterhalten. Jeden Abend nach dem Essen pflegte er den selben Brauch: Auf eine Karte zog er so viele Linien, wie es Herren am Tisch gab. Er markierte eine dieser Zeilen und faltete dann die Karte so, dass die Markierung nicht mehr sichtbar war. Dann ließ er die Karte herumgehen, und jeder der Herren musste in einer Zeile unterschreiben.

Danach ging die Karte zurück zum Kapitän, und wir alle erwarteten mit angehaltenem Atem das Urteil. Der Herr, dessen Name in der markierten Zeile aufgedeckt wurde, musste die Zigarren und Schnäpse der anderen bezahlen.

Zahlreiche Unterhaltungen kreisten um die Vorurteile, die viele Ausländer gegenüber Amerika und den Amerikanern pflegen. Jemand merkte an, dass die meisten Menschen in anderen Ländern nicht imstande seien, die Lage der Vereinigten Staaten zu bezeichnen.

»Viele Leute denken, die Vereinigten Staaten seien eine kleine Insel mit ein paar Häusern darauf«, erzählte Kapitän Albers. »Einmal wurde mir in mein Haus nahe der Werft in Hoboken ein Brief aus Deutschland zugestellt, der an ›Kapitän Albers, erstes Haus in Amerika‹ adressiert war.«

»Ich erhielt einmal einen Brief aus Deutschland«, ergänzte der schüchternste Mann am Tisch, wobei sein Gesicht bei dem Klang seiner eigenen Stimme errötete, »mit der Anschrift ›Hoboken, gegenüber den Vereinigten Staaten‹.«

Während des Mittagessens am 21. November rief jemand, dass Land in Sicht sei. Die Geschwindigkeit, mit der alle den Tisch verließen und an Deck stürmten, wurde sicherlich nicht einmal von Kolumbus' Kameraden bei der Entdeckung Amerikas überboten. Ich weiß nicht warum, aber ich betrachtete jene erste Spur der kargen Landschaft mit mehr Hingebung, als ich der schönsten Landschaft der Welt gewidmet hätte.

Das Land war noch nicht lange zu sehen, als sich die Decks mit verstört aussehenden, fahlgesichtigen Menschen füllten. Es war ganz so, als hätte das Schiff neue Passagiere aufgenommen. Wir konnten uns nicht vorstellen, dass sie aus New York kamen und die Zeit seit der Abfahrt in Abgeschiedenheit verbracht hatten.

3. KAPITEL

Ich war nun in Frankreich und fragte mich, was wohl mein Geschick gewesen wäre, wenn ich wie geplant alleine gereist wäre. Ich wusste, dass mein Begleiter Französisch sprach, jene Sprache, die alle Menschen um uns herum sprachen. Ich konnte in dieser Beziehung also völlig unbesorgt sein, solange er bei mir war. Wir nahmen an einem Tisch Platz, und er fing an, auf Französisch zu bestellen. Der Kellner schaute ihn verständnislos an, sodass ich schließlich halb scherzhaft vorschlug, er solle doch auf Englisch bestellen. Der Kellner sah mich lächelnd an und antwortete auf Englisch.

Von Boulogne nach Amiens reisten wir in einem Abteil zusammen mit einem englischen Ehepaar und einem Franzosen. Trotz der Kälte gab es nur einen Fußwärmer. Wir versuchten alle gleichzeitig, unsere Füße zu wärmen – mit peinlichen Folgen. Mir gegenüber saß der Franzose, und ich war auf jemandes Zehen getreten. Da er mich die ganze Zeit über ungehalten über den Rand seiner Zeitung ansah, hatte ich eine Ahnung, um wessen Zehen es sich handelte.

Während der Fahrt versuchte ich herauszubekommen, aus welchem Grund diese altertümlichen, unbequemen Eisenbahnwaggons so beliebt waren. Ich kam schnell zu dem Schluss, dass sie wohl in Ländern, in denen man nicht weit reisen muss, ihren Zweck erfüllen, während sie aber in dünn besiedelten Gegenden, in denen die

Menschen sich über eine Reise von fünftausend Kilometern weniger Kopfzerbrechen machen als über ihr Abendbrot, völlig ungeeignet wären. Die Tatsache, dass wir bedenkenlos so weite Reisen unternehmen, erklärte ich mir damit, dass für unser Wohlbefinden so gut gesorgt ist, dass es sich in einem Eisenbahnabteil erster Klasse ebenso angenehm lebt wie in einem erstklassigen Hotel.

Die englischen Eisenbahnwaggons sind erbärmlich beheizt. Man verbrennt sich die Füße am Fußwärmer, während man sich weiter oben in der kalten Luft den Rücken verkühlt. Sollte einem in einem englischen Eisenbahnabteil plötzlich unwohl werden, wäre das eine sehr heikle Angelegenheit.

Ich kann mir zwar vorstellen, dass diese uralten Waggons unter gewissen Bedingungen annehmbar sind, dennoch würden diese kaum einen Reisenden dazu bewegen, diese Waggons den nach amerikanischem Vorbild gebauten vorzuziehen.

Wenn jemand etwa die Masern hätte oder ein blaues Auge, dann wäre ein Abteil, das man dank einer dem Schaffner gewährten Gefälligkeit für sich alleine hat, sicherlich sehr tröstlich.

Auch einem frisch verheirateten Paar in überschäumendem Freudenrausch könnte man ein englisches Eisenbahnabteil überlassen. Darin wären die Neuvermählten beschirmt vor den Augen der gefühlskalten, höhnischen Mitreisenden, die sich in dieser Situation ebenso närrisch aufführen würden – obwohl sie das natürlich abstreiten würden.

Aber wo wir schon einmal bei der Privatsphäre sind: Wenn die Engländer wirklich einen solchen Wert auf ihre Privatsphäre legen, dann sollten sie unsere amerikanischen Waggons übernehmen. Schließlich findet man kaum irgendwo so viel Privatheit wie in einem großen Eisenbahnabteil voller fremder Menschen. Jeder besitzt und behält seinen eigenen Platz. Man sitzt nicht, wie es häufig in englischen Zügen der Fall ist, stundenlang Auge in Auge und Knie an Knie einem Fremden gegenüber, sei er nun unangenehm oder nicht.

Im englischen Abteil begriff ich auch, warum englische Mädchen Anstandsdamen benötigen. Jede amerikanische Mutter würde mitsamt all ihrem prahlerischen Selbstvertrauen erschaudern bei der Vorstellung, ihre Tochter alleine auf eine Reise zu schicken – und sei diese auch nur von der Dauer einiger Stunden –, bei der durchaus die

Möglichkeit besteht, dass sie sie in einem Abteil eingeschlossen mit einem fremden Mann verbringt.

Kein Wunder, dass amerikanische Mädchen so furchtlos sind. Die sogenannten privaten Abteile in englischen Eisenbahnzügen kennen sie nicht. Sie kennen nur die großen Menschenmengen, und jeder Einzelne, der dazu beiträgt, die Menschenmenge zu vergrößern, ist ihnen ein Beschützer. Wenn Mütter ihren Töchtern beibringen, dass sie in Menschenmassen sicher sind und dass jene Massen die Leibwächter des ganzen weiblichen Geschlechts darstellen, dann werden Anstandsdamen der Vergangenheit angehören und Frauen erhabener sein.

Während ich so über diese Themen nachsann, fuhr der Zug in einen Bahnhof ein und hielt. Mein Begleiter sah hinaus und teilte mir mit. dass wir in Amiens seien. Wir befanden uns jedoch in einem verschlossen Abteil und befürchteten schon, dass wir weiterfahren müssten. Da gelang es meinem Begleiter, seinen Kopf aus dem Fenster zu strecken und nach dem Schaffner zu rufen, auf dass er komme und uns herauslasse. So befreit betraten wir schließlich den Bahnsteig von Amiens.

Nellie Bly

Meine Reise um die Welt

ERSTES KAPITEL.

Vergib und vergiss! Das ist nicht schwer, wenn man's nur recht versteht: Wir sollen unbequeme Pflichten vergessen und uns vergeben, dass wir sie vergessen haben. Bei strenger Übung und festem Willen gewöhnt man sich leicht daran.

Querkopf Wilsons Kalender.

MONTAG, 23. DEZEMBER 1895. Von Sydney nach Ceylon in dem P. und O. Dampfer »Oceana« abgesegelt. Die Mannschaft besteht aus Laskaren, den ersten, die ich je gesehen habe. Sie tragen weißbaumwollene Unterröcke und Beinkleider, einen roten Schal als Gürtel; auf dem Kopf einen Strohhut ohne Krempe; gehen barfuß; Gesichtsfarbe dunkelbraun, Haar kurz, glatt und schwarz; schöner Schnurrbart, glänzend, seidenweich und tiefschwarz. Sanfte, gute Gesichter; willige, gehorsame Leute, auch arbeitstüchtig. Doch sagt man, dass sie in der Stunde der Gefahr vor Angst völlig den Kopf verlieren. Sie kommen von Bombay und der benachbarten Küste. Die »Oceana« ist ein großes, prächtig ausgestattetes Schiff, das alle Bequemlichkeit bietet; es hat geräumige Promenadendecks, große Zimmer und eine gut ausgewählte Offiziersbibliothek, was nicht häufig vorkommt ... Zu den Mahlzeiten wird man durch Hornsignale gerufen, wie auf Kriegsschiffen; man ist froh, das schreckliche Gong einmal los zu sein ... Wir haben drei große Katzen an Bord, sehr leutselige Bummler, die sich auf dem ganzen Schiff herumtreiben; die weiße Katze folgt dem Proviantmeister überallhin wie ein Hund; auch ein Korb mit jungen Kätzchen ist da. Wenn das Schiff in den Hafen kommt, sei es in England, Indien oder Australien, so begibt sich der eine Kater ans Land, um zu sehen, wie es seinen verschiedenen Familien ergeht, und man bekommt ihn erst wieder zu Gesicht, wenn das Schiff im Begriff ist, die Anker zu lichten. Woher er das Datum der Abfahrt weiß, kann niemand sagen; vermutlich kommt er täglich nach dem Hafendamm und sieht sich um; wenn viel Gepäck an Bord geschafft wird und die Passagiere sich einfinden, merkt er daran, dass es auch für ihn Zeit ist, wieder das Schiff zu besteigen. Wenigstens glauben das die Matrosen ...

TISCHGESPRÄCHE: Ein Passagier äußerte: »Meinen Sie, echter Mokka werde in der ganzen Welt verkauft? Denkt gar nicht daran! Sehr wenige Fremde, außer dem Kaiser von Russland, bekommen in ihrem ganzen Leben auch nur eine Bohne davon zu sehen.« Ein anderer Mann sagte: »Australischer Wein hat in Australien keinen Absatz. Man schickt ihn nach Frankreich, von wo er als französische Sorte zurückkommt, dann kaufen ihn die Leute.« – Ich habe oft behaupten hören, dass der französische Rotwein, welchen New York trinkt, meist in Kalifornien gekeltert wird. Auch erinnerte ich mich, was mir Professor S. einmal über Veuve Cliquot erzählt hat. Er war bei einem großen Weinhändler zu Besuch, dessen Wohnort nicht weit von jenem berühmten Weinberg lag, und sein Wirt fragte ihn, ob in Amerika viel Veuve Cliquot getrunken würde.

»O ja«, erwiderte S., »außerordentlich viel.«

»Kann man die Marke leicht bekommen?«

»Ohne alle Schwierigkeit; sämtliche Hotels erster und zweiter Klasse führen sie.«

»Was bezahlt man dafür?«

»Je nach dem Hotel fünfzehn bis zwanzig Franken die Flasche.«

»Was für ein glückliches Land! Hier an Ort und Stelle kostet sie mindestens hundert Franken.«

»Nein!«

»Doch!«

»Sie glauben also, dass wir drüben bei uns nicht echten Veuve Cliquot trinken?«

»Keine Rede. Seit Kolumbus' Zeiten ist noch nicht eine einzige Flasche vom echten Gewächs nach Amerika gekommen. Der Weinberg, welcher es liefert, ist so klein, dass er nicht allzu viele Flaschen ergibt, und der Ertrag wird alljährlich einer einzigen Person zugeschickt – dem Kaiser von Russland. Er kauft die ganze Ernte zum Voraus, mag sie klein oder groß sein.«

*

4. JANUAR 1896. Weihnachten in Melbourne, Neujahr in Adelaide. Wiedersehen mit den meisten Bekannten in beiden Städten ... Jetzt liegen wir hier in Westaustralien vor Albany im König Georgs Sund. Es ist ein ganz vom Land eingeschlossener Hafen oder vielmehr eine Reede – anscheinend sehr geräumig, aber kein tiefes Wasser. Ringsum kahle Felsen und zerklüftete Hügelketten. Die Schiffe kommen jetzt in Menge an, alles strömt nach der Goldgegend. Die Zeitungen wissen wunderbare Dinge zu berichten, wie sie immer im Umlauf sind, wenn neue Goldfelder entdeckt werden. Zum Beispiel: Ein junger Mann hatte eine Parzelle in Besitz genommen, von der er die Hälfte für fünf Pfund verkaufen wollte; aber es fand sich kein Liebhaber. Vierzehn Tage lang harrte er aus, trotz Hunger und Not, dann stieß er auf eine Goldader und verkaufte die Grube für 10 000 Pfund ...

Gegen Sonnenuntergang erhob sich eine frische Brise, und wir lichteten den Anker. Aus der kleinen tiefen Wasserlache, auf der wir schwammen, führte ein schmaler, dicht mit Bojen besetzter Kanal ins Meer hinaus. Ich blieb auf Deck, um zu sehen, wie unser großes Schiff bei dem starken Wind die Durchfahrt bewerkstelligen werde. Auf der Kommandobrücke stand der Kapitän, ein wahrer Riese, neben ihm ein kleiner Lotse in prächtiger Uniform mit Goldschnüren; auf dem Vorderdeck ein weißer Maat, ein paar Quartiermeister und eine bunte Menge Laskaren, zur Arbeit gerüstet. Unser Heck war gerade auf den Eingang des Kanals gerichtet, das Schiff musste also in der Wasserlache eine vollständige Schwenkung machen, und das war bei solchem Wind keine Kleinigkeit. Aber es gelang ganz prächtig mithilfe eines Klüvers. Wir wühlten zwar viel Schlamm auf, kamen aber nicht auf den Grund und drehten uns in der eigenen Wasserspur um – anscheinend ein Ding der Unmöglichkeit. Als wir die Drehung glücklich gemacht hatten und der Schiffsschnabel nach dem Kanal zu stand, lag die erste Boje kaum noch hundert Meter vor uns. Es war mir eine Lust gewesen, das Manöver mit anzusehen; die übrigen Passagiere verzehrten inzwischen ihr Mittagbrot, meines kam der P. und O. Gesellschaft zugute ... Es zeigen sich noch mehr Katzen. Smythe sagt, das englische Gesetz befiehlt, auf der Fahrt Katzen mitzunehmen; er wusste von einem Fall, wo das Schiff nicht unter Segel gehen durfte, bis man sich ein paar verschafft hatte. Die Rechnung kam auch gleich mit: »Preis für zwei Katzen – zwanzig Schillinge« ... Wir haben einen Geier an Bord mit kahlem rotem Kopf von seltsamer Form; am Körper hat er hier und da rote Stellen ohne Federn, seine großen schwarzen Augen sind von fleischigen, brennend roten Rändern umgeben. Er sieht wie ein vollkommener Wüstling aus, wie ein gewissenloser, eigensüchtiger Räuber und Mörder. Und doch bringt der Vogel nichts Lebendiges um. Weshalb mag ihm die Natur nur eine so grimmige Außenseite gegeben haben, die gar nicht zu seinem unschuldigen Geschäft passt! Er nährt sich nämlich nur von Aas, das ihm umso besser zusagt, je älter es ist. Trüge er ein schäbiges, schwarzes Federkleid, so wäre alles in Ordnung; er gliche dann einem Leichenbestatter und sein Äußeres würde mit seiner Beschäftigung im Einklang stehen. Der Geier stammt aus der öffentlichen Menagerie von Adelaide, einer großen und sehr interessanten Sammlung.

*

5. JANUAR. Um neun Uhr morgens kamen wir am Kap Leeuwin (Löwin) vorüber und mussten nun, nach der ganz westlichen Fahrt längs dem Südrande von Australien, unsere Richtung ändern. Wir fahren in einer schrägen, nordwestlichen Linie nach Ceylon hinauf. Je höher wir kommen, umso heißer wird es, aber kühl ist es auch hier nicht gerade.

*

13. JANUAR. Eine unerträgliche Hitze. Der Äquator kommt immer näher; die Entfernung beträgt nur noch acht Grad. Da ist Ceylon! O, wie wunderschön! Welche tropische Pracht, welcher Reichtum üppigen Laubwerks! Die Hauptstadt Colombo ist ganz orientalisch und unaussprechlich reizend ...

In unserm vornehmen Schiff kleiden sich die Passagiere zu Mittag um. Die schönen, buntfarbigen Toiletten der Namen passen ganz zu der hochfeinen Ausstattung aller Räume und dem strahlenden

Glanz der elektrischen Beleuchtung. Auf dem stürmischen Atlantischen Ozean sieht man die Passagiere nie im Gesellschaftsanzug. Höchstens einen Mann, der sich aber nur einmal während der langen Reise blicken lässt – am Abend ehe das Schiff in den Hafen kommt, wenn das Konzert stattfindet mit Dilettanten-Geheul und Deklamationen. Er übernimmt meist die Tenorpartie ... Sonderbarerweise ist an Bord viel Kricket gespielt worden; das Promenadendeck wurde mit Netzen überspannt, sodass der Ball nicht ins Wasser fallen konnte. Das Spiel nahm einen guten Fortgang und gewahrte die nötige An- und Aufregung ... Jetzt sagen wir der »Oceana« Lebewohl.

*

14. JANUAR. Hotel Bristol. Der Diener namens Brampy ist ein flinker, sanfter, lachender, brauner Singhalese mit schönem, glänzend schwarzem Haar. Er trägt es wie ein Mädchen zurückgekämmt, in einen Knoten geschlungen und mit dem Schildpattkamm aufgesteckt. Brampy ist schlank und hübsch von Gestalt. Unter der Jacke hat er ein weißes, baumwollenes Gewand an, das ihm ohne Gürtel vom Hals bis zu den Füßen herabfällt. Weder er noch sein Anzug hat irgendetwas Männliches; es ist eine ordentliche Verlegenheit, sich vor ihm auszukleiden.

Wir fuhren nach dem Markt und benutzten zum ersten Mal den japanischen Jinrickscha, einen leichten Karren, den ein Eingeborener zieht. Anfänglich geht die Fahrt gut vonstatten, aber für den Mann ist es eine sauere Arbeit, er ist nicht stark genug. Nach der ersten halben Stunde hört das Vergnügen auf, der Mann tut einem leid; man hat Mitleid mit ihm, wie mit einem müden Pferde, und kann an nichts anderes mehr denken. Solche Rickschas sind in Menge vorhanden, und die Taxe ist unglaublich billig.

Vor Jahren war ich in Kairo; da ist man im Orient – aber doch nicht ganz, weil man eine unbestimmte Empfindung hat, dass noch etwas mangelt. In Ceylon ist das anders, dort fehlt nichts mehr. Der Orient und die Tropenwelt finden sich da in größter Vollkommenheit vereinigt, und unser natürliches Gefühl sagt uns, dass diese zwei zusammengehören. Nein, man vermisste gar nichts. [...] Die Gaukler waren da, mit dem unvermeidlichen Korb, den Schlangen, der Manguste und allen Vorkehrungen, um aus dem Samenkorn einen Baum mit Laubwerk und reifen Früchten emporwachsen zu lassen. Überall

N
NE
E
SE
S
SW
W
NW

Vor Jahren war ich in Kairo;
da ist man im Orient – aber
doch nicht ganz, weil man eine
unbestimmte Empfindung hat,
dass noch etwas mangelt.
In Ceylon ist das anders, dort
fehlt nichts mehr.

sah man Blumen und Pflanzen, die man zwar aus Abbildungen kannte, aber in Wirklichkeit nie erblickt hatte, weil diese seltenen, wunderbaren und köstlichen Gewächse nur in der heißen Zone, am Äquator, gedeihen. Auch wusste man, dass in der nächsten Umgegend die tödlichen Giftschlangen und grimmigen Raubtiere hausen, samt den Affen und wilden Elefanten. In der Luft lag eine Schwüle, wie sie nur in den Tropen vorkommt, eine erstickende Hitze, von unbekannten Blumendüften geschwängert; dann verbreitete sich plötzlich eine purpurne Finsternis, aus welcher grelle Blitze zuckten; der Donner krachte, der Regen goss in Strömen – gleich darauf lachte wieder alles im Sonnenschein. Und weit ab, im undurchdringlichen Dschungel und dem fernen Gebirge, lagen die verfallenen Städte und alten Tempelruinen als geheimnisvolle Überbleibsel von der Herrlichkeit vergessener Tage und eines verschwundenen Volkes. Auch dies Bewusstsein war unentbehrlich, wenn es einem wirklich orientalisch zumute werden sollte, denn dabei darf vor allem der Eindruck des Düstern, Rätselhaften und Altertümlichen nicht fehlen.

Die Fahrt durch die Stadt und am Seestrande entlang war wie ein Traumbild von tropischem Glanz, Blütenpracht und orientalischem Farbenreichtum. Die zu Fuß einherwandelnden Gruppen von Männern, Frauen, Knaben, Mädchen und kleinen Kindern glühten wie Feuerflammen in ihrer strahlenden Gewandung. Alle Farben des Regenbogens und leuchtender Blitze mischten sich hier aufs Wunderbarste und verschmolzen zur wohltuendsten Harmonie. Nirgends fühlte sich das Auge verletzt durch zu grelle Töne, keine Farbe stach unangenehm von der andern ab; auch wenn verschiedene Gruppen in Berührung kamen, wurde die wunderbare Farbenwirkung nicht im Mindesten gestört. Die Kleider waren aus dünnem, zartem, sich weich anschmiegendem Seidenstoff, meist in ganz bestimmten, satten Farben: ein prächtiges Grün, ein prächtiges Blau, ein prächtiges Gelb, ein prächtiges Lila, ein prächtiges Rubinrot von leuchtendem Glanz – so zogen sie in zahllosem Gewimmel, in Massen, scharenweise vorüber, glühend, blitzend, strahlend – dazwischen alle Augenblicke ein so blendendes Feuerrot, dass einem das Herz im Leibe lachte und man den Atem anhielt vor Staunen. Und wie anmutig waren diese Trachten! Oft bestand der ganze Anzug einer Frau nur in der Schärpe, die sie um den Kopf

und Leib gewunden hatte, oder der Mann hatte einen Turban auf und ein paar Lappen nachlässig um die Hüften geschwungen.

[...]

Aber was hilft es – wir müssen uns darein ergeben, unsere Kleider zu tragen, wie sie sind, und können ihre Daseinsberechtigung nicht leugnen. Freilich dienen sie dazu, gerade das auszuposaunen, was wir verbergen möchten – unsere Unaufrichtigkeit und versteckte Eitelkeit. Wir heucheln für Anmut, Wohlgestalt und Farbenglanz eine Geringschätzung, die wir nicht haben, und ziehen die hässlichen Kleider an, um diese Lüge glaubhaft zu machen und weiterzuverbreiten. Noch täuschen wir damit unsere Nächsten nicht, und wenn wir nach Ceylon kommen, werden wir alsbald inne, dass wir uns nicht einmal selbst zu täuschen vermögen. Ja, gestehen wir es nur: wir lieben leuchtende Farben und anmutige Trachten, und wenn wir sie zu Hause bei einem Festzug sehen können, achten wir weder Regen noch Sturm und beneiden die geschmückten Teilnehmer. Wir gehen ins Theater, staunen die Kostüme an und sind betrübt, dass wir uns nicht auch so kleiden können. Beehrt uns der König mit einer Einladung zum Hofball, so betrachten wir die prächtigen Uniformen und strahlenden Ordenszeichen mit wahrem Hochgenuss. Wird uns gestattet, einer kaiserlichen Cour beizuwohnen, so schließen wir uns vorher zu Hause ein, stolzieren stundenlang in unserm schönen Gala-Anzug einher, bewundern uns im Spiegel und fühlen uns unaussprechlich glücklich. Auch jeder Beamte im Stabe jedes Gouverneurs im demokratischen Amerika macht es ebenso mit seiner neuen Staatsuniform, und wenn man nicht aufpasst, um ihn rechtzeitig zu hindern, lässt er sich gewiss auch darin fotografieren. Sooft ich die Diener des Lord-Mayors sehe, fühle ich mich unzufrieden mit meinem Lose. Kurz und gut: Unsere Kleider sind seit hundert Jahren nichts als Lug und Trug gewesen. Sie sind ebenso unwahr wie unschön und vollkommen geeignet, unser inneres Scheinwesen und moralisches Verderben ins rechte Licht zu stellen.

Mark Twain

ANSICHTEN DER NATUR

DAS NÄCHTLICHE TIERLEBEN IM URWALDE

Wenn die stammweise so verschiedene Lebendigkeit des Naturgefühls, wenn die Beschaffenheit der Länder, welche die Völker gegenwärtig bewohnen oder auf früheren Wanderungen durchzogen haben, die Sprachen mehr oder minder mit scharf bezeichnenden Wörtern für Berggestaltung, Zustand der Vegetation, Anblick des Luftkreises, Umriss und Gruppierung der Wolken bereichern, so werden durch langen Gebrauch und durch literarische Willkür viele dieser Bezeichnungen von ihrem ursprünglichen Sinne abgewendet. Für gleichbedeutend wird allmählich gehalten, was getrennt bleiben sollte; und die Sprachen verlieren von der Anmut und Kraft, mit der sie, naturbeschreibend, den physiognomischen Charakter der Landschaft darzustellen vermögen. Um den linguistischen Reichtum zu beweisen, welchen ein inniger Kontakt mit der Natur und die Bedürf-

nisse des mühevollen Nomadenlebens haben hervorrufen können, erinnere ich an die Unzahl von charakteristischen Benennungen, durch die im Arabischen und Persischen Ebenen, Steppen und Wüsten unterschieden werden: je nachdem sie ganz nackt oder mit Sand bedeckt oder durch Felsplatten unterbrochen sind, einzelne Weideplätze umschließen oder lange Züge geselliger Pflanzen darbieten. Fast ebenso auffallend sind in altkastilianischen Idiomen die vielen Ausdrücke für die Physiognomik der Gebirgsmassen, für diejenigen ihrer Gestaltungen, welche unter allen Himmelsstrichen wiederkehren und schon in weiter Ferne die Natur des Gesteins offenbaren. Da Stämme spanischer Abkunft den Abhang der Andeskette, den gebirgigen Teil der Kanarischen Inseln, der Antillen und Philippinen bewohnen und die Bodengestaltung dort in einem größeren Maßstabe als irgendwo auf der Erde (den Himalaja und das tibetanische Hochland etwa abgerechnet) die Lebensart der Bewohner bedingt, so hat die Formbezeichnung der Berge in der Trachyt-, Basalt- und Porphyr-Region, wie im Schiefer-, Kalk- und Sandsteingebirge in täglichem Gebrauche sich glücklich erhalten. In den gemeinsamen Schatz der Sprache geht dann auch das Neugeformte über. Der Menschen Rede wird durch alles belebt, was auf Naturwahrheit hindeutet: sei es in der Schilderung der von der Außenwelt empfangenen sinnlichen Eindrücke oder des tief bewegten Gedankens und innerer Gefühle.

Das unablässige Streben nach dieser Wahrheit ist im Auffassen der Erscheinungen wie in der Wahl des bezeichnenden Ausdruckes der Zweck aller Naturbeschreibung. Es wird derselbe am leichtesten erreicht durch Einfachheit der Erzählung von dem Selbstbeobachteten, dem Selbsterlebten, durch die beschränkende Individualisierung der Lage, an welche sich die Erzählung knüpft. Verallgemeinerung physischer Ansichten, Aufzählung der Resultate gehört in die Lehre vom Kosmos, die freilich noch immer für uns eine induktive Wissenschaft ist; aber die lebendige Schilderung der Organismen (der Tiere und der Pflanzen) in ihrem landschaftlichen, örtlichen Verhältnis zur vielgestalteten Erdoberfläche (als ein kleines Stück des gesamten Erdenlebens) bietet das Material zu jener Lehre dar. Sie wirkt anregend auf das Gemüt da, wo sie einer ästhetischen Behandlung großer Naturerscheinungen fähig ist.

Zu diesen Letzteren gehört vorzugsweise die unermessliche Waldgegend, welche in der heißen Zone von Südamerika die miteinander verbundenen Stromgebiete des Orinoco und des Amazonenflusses füllt. Es verdient diese Gegend im strengsten Sinne des Worts den Namen Urwald, mit dem in neueren Zeiten so viel Missbrauch getrieben wird. Urwald, Urzeit und Urvolk sind ziemlich unbestimmte Begriffe, meist nur relativen Gehalts. Soll jede wilde Forst voll dichten Baumwuchses, an den der Mensch nicht die zerstörende Hand gelegt, ein Urwald heißen, so ist die Erscheinung vielen Teilen der gemäßigten und kalten Zone eigen. Liegt aber der Charakter in der Undurchdringlichkeit, in der Unmöglichkeit, sich in langen Strecken zwischen Bäumen von 8 bis 12 Fuß Durchmesser durch die Art einen Weg zu bahnen, so gehört der Urwald ausschließlich der Tropengegend an. Auch sind es keineswegs immer die strickförmigen, rankenden, kletternden Schlingpflanzen (Lianen), welche, wie man in Europa fabelt, die Undurchdringlichkeit verursachen. Die Lianen bilden oft nur eine sehr kleine Masse des Unterholzes. Das Haupthindernis sind die allen Zwischenraum füllenden strauchartigen Gewächse: in einer Zone, wo alles, was den Boden bedeckt, holzartig wird. Wenn Reisende, kaum in einer Tropengegend gelandet, und dazu noch auf Inseln, schon in der Nähe der Küste glauben, in Urwälder eingedrungen zu sein, so liegt die Täuschung wohl nur in der Sehnsucht nach Erfüllung eines lange gehegten Wunsches. Nicht jeder Tropenwald ist ein Urwald. Ich habe mich des letzteren Wortes in meinem Reisewerke fast nie bedient: Und doch glaube ich unter allen jetzt lebenden Naturforschern mit Bonpland, Martius, Pöppig, Robert und Richard Schomburgk im Innersten eines großen Kontinents am längsten in Urwäldern gelebt zu haben.

Trotz des auffallenden Reichtums der spanischen Sprache an naturbeschreibenden Bezeichnungen, dessen ich oben erwähnte, wird ein und dasselbe Wort, monte, zugleich für Berg und Wald, für cerro (montaña) und selva gebraucht. In einer Arbeit über die wahre Breite und die größte Ausdehnung der Andeskette gegen Osten habe ich gezeigt, wie jene zwiefache Bedeutung des Wortes monte die Veranlassung gewesen ist, dass eine schöne und weit verbreitete englische Karte von Südamerika Ebenen mit hohen Bergreihen bedeckt hat. Wo die spanische Karte von La Cruz Olmedilla, die so vielen an-

deren zum Grunde gelegt worden ist, Kakaowald, montes de Cacao, angegeben hatte, sind Kordilleren entstanden: obgleich der Kakaobaum nur die heißeste Niederung sucht.

Wenn man die Waldgegend, welche ganz Südamerika zwischen den Grassteppen von Venezuela (los Llanos de Caracas) und den Pampas von Buenos Aires zwischen 8° nördlicher und 19° südlicher Breite einnimmt, mit einem Blicke umfasst, so erkennt man, dass dieser zusammenhängenden Hyläa der Tropenzone keine andere an Ausdehnung auf dem Erdboden gleichkommt. Sie hat ohngefähr zwölfmal den Flächeninhalt von Deutschland. Nach allen Richtungen von Strömen durchschnitten, deren Bei- und Zuflüsse erster und zweiter Ordnung unsere Donau und unseren Rhein an Wasserreichtum bisweilen übertreffen, verdankt sie die wundersame Üppigkeit ihres Baumwuchses der zwiefach wohltätigen Einwirkung großer Feuchtigkeit und Wärme. In der gemäßigten Zone, besonders in Europa und dem nördlichen Asien, kann man die Wälder nach Baumgattungen benennen, die als gesellige Pflanzen (plantae sociales) zusammen wachsen und die einzelnen Wälder bilden. In den nördlichen Eichen-, Tannen- und Birken-, in den östlichen Lindenwaldungen herrscht gewöhnlich nur eine Spezies der Amentazeen, der Koniferen oder der Tiliazeen; bisweilen ist eine Art der Nadelhölzer mit Laubholz gemengt. Eine solche Einförmigkeit in der Zusammengesellung ist den Tropenwaldungen fremd. Die übergroße Mannigfaltigkeit der blütenreichen Waldflora verbietet die Frage, woraus die Urwälder bestehen. Eine Unzahl von Familien drängt sich hier zusammen; selbst in kleinen Räumen gesellt sich kaum Gleiches zu Gleichem. Mit jedem Tage, bei jedem Wechsel des Aufenthalts bieten sich dem Reisenden neue Gestaltungen dar, oft Blüten, die er nicht erreichen kann, wennschon Blattform und Verzweigung seine Aufmerksamkeit anziehen.

Die Flüsse mit ihren zahllosen Seitenarmen sind die einzigen Wege des Landes. Astronomische Beobachtungen oder, wo diese fehlen, Kompassbestimmungen der Flusskrümmung haben zwischen dem Orinoco, dem Cassiquiare und dem Rio Negro mehrfach gezeigt, wie in der Nähe einiger wenigen Meilen zwei einsame Missionsdörfer liegen, deren Mönche anderthalb Tage brauchen, um in den aus einem Baumstamm gezimmerten Canoen, den Windungen

kleiner Bäche folgend, sich gegenseitig zu besuchen. Den auffallendsten Beweis von der Undurchdringlichkeit einzelner Teile des Waldes gibt aber ein Zug aus der Lebensweise des großen amerikanischen Tigers oder pantherartigen Jaguars. Während durch Einführung des europäischen Rindviehes, der Pferde und Maulesel die reißenden Tiere in den Llanos und Pampas, in den weiten baumlosen Grasfluren von Varinas, dem Meta und Buenos Aires, reichliche Nahrung finden und sich seit der Entdeckung von Amerika dort, im ungleichen Kampfe mit den Viehherden, ansehnlich vermehrt haben, führen andere Individuen derselben Gattung in dem Dickicht der Wälder, den Quellen des Orinoco nahe, ein mühevolles Leben. Der schmerzhafte Verlust eines großen Hundes vom Doggengeschlechte (unseres treuesten und freundlichsten Reisegefährten) in einem Biwak nahe bei der Einmündung des Cassiquiare in den Orinoco hatte uns bewogen, ungewiss, ob er vom Tiger zerrissen sei, aus dem Insektenschwarm der Mission Esmeralda zurückkehrend, abermals eine Nacht an demselben Orte zuzubringen, wo wir den Hund so lange vergebens gesucht. Wir hörten wieder in großer Nähe das Geschrei der Jaguare wahrscheinlich derselben, denen wir die Untat zuschreiben konnten. Da der bewölkte Himmel alle Sternbeobachtungen hinderte, so ließen wir uns durch den Dolmetscher (lenguaraz) wiederholen, was die Eingebornen, unsre Ruderer, von den Tigern der Gegend erzählten.

Es findet sich unter diesen nicht selten der sogenannte schwarze Jaguar, die größte und blutgierigste Abart, mit schwarzen, kaum sichtbaren Flecken auf tief dunkelbraunem Felle. Sie lebt am Fuß der Gebirge Maraguaca und Unturan. »Die Jaguare«, erzählte ein Indianer* aus dem Stamm der Durimunder, »verirren sich aus Wanderungslust und Raubgier in so undurchdringliche Teile der Waldung, dass sie auf dem Boden nicht jagen können und, ein Schrecknis der Affenfamilien und der Viverre mit dem Rollschwanze (Cercoleptes), lange auf den Bäumen leben.«

Die deutschen Tagebücher, welchen ich dies entnehme, sind in der französisch von mir publizierten Reisebeschreibung nicht ganz erschöpft worden. Sie enthalten eine umständliche Schilderung des nächtlichen Tierlebens, ich könnte sagen der nächtlichen Tierstimmen, im Walde der Tropenländer. Ich halte diese Schilderung für

Die übergroße Mannigfaltigkeit der blütenreichen Waldflora verbietet die Frage, woraus die Urwälder bestehen.

vorzugsweise geeignet, einem Buche anzugehören, das den Titel: Ansichten der Natur führt. Was in Gegenwart der Erscheinung oder bald nach den empfangenen Eindrücken niedergeschrieben ist, kann wenigstens auf mehr Lebensfrische Anspruch machen als der Nachklang später Erinnerung.

Durch den Rio Apure, dessen Überschwemmungen ich in dem Aufsatz über die Wüsten und Steppen gedacht, gelangten wir, von Westen gegen Osten schiffend, in das Bette des Orinoco. Es war die Zeit des niedrigen Wasserstandes. Der Apure hatte kaum 1200 Fuß mittlerer Breite, während ich die des Orinoco bei seinem Zusammenfluss mit dem Apure (unfern dem Granitfelsen Curiquima, wo ich eine Standlinie messen konnte) noch über 11 430 Fuß fand. Doch ist dieser Punkt, der Fels Curiquima, in gerader Linie noch hundert geografische Meilen vom Meere und von dem Delta des Orinoco entfernt. Ein Teil der Ebenen, die der Apure und der Payara durchströmen, ist von Stämmen der Yaruros und Achaguas bewohnt. In den Missionsdörfern der Mönche werden sie Wilde genannt, weil sie unabhängig leben wollen. In dem Grad ihrer sittlichen Roheit stehen sie aber sehr gleich mit denen, die, getauft, »unter der Glocke (baxo la campana)« leben und doch jedem Unterrichte, jeder Belehrung fremd bleiben.

Von der Insel del Diamante an, auf welcher die spanisch sprechenden Zambos Zuckerrohr bauen, tritt man in eine große und wilde Natur. Die Luft war von zahllosen Flamingos (Phoenicopterus) und anderen Wasservögeln erfüllt, die, wie ein dunkles, in seinen Umrissen stets wechselndes Gewölk, sich von dem blauen Himmelsgewölbe abhoben. Das Flussbette verengte sich bis zu 900 Fuß Breite und bildete in vollkommen gerader Richtung einen Kanal, der auf beiden Seiten von dichter Waldung umgeben ist. Der Rand des Waldes bietet einen ungewohnten Anblick dar. Vor der fast undurchdringlichen Wand riesenartiger Stämme von Caesalpinia, Cedrela und Desmanthus erhebt sich auf dem sandigen Flussufer selbst, mit großer Regelmäßigkeit, eine niedrige Hecke von Sauso. Sie ist nur 4 Fuß hoch und besteht aus einem kleinen Strauche, Hermesia castaneifolia, welcher ein neues Geschlecht aus der Familie der Euphorbiazeen bildet. Einige schlanke dornige Palmen, Piritu und Corozo von den Spaniern genannt (vielleicht Martinezia- oder Bactrisarten), stehen der Hecke

am nächsten. Das Ganze gleicht einer beschnittenen Gartenhecke, die nur in großen Entfernungen voneinander torartige Öffnungen zeigt. Die großen vierfüßigen Tiere des Waldes haben unstreitig diese Öffnungen selbst gemacht, um bequem an den Strom zu gelangen. Aus ihnen sieht man [sie], vorzüglich am frühen Morgen und bei Sonnenuntergang, heraustreten, um ihre Jungen zu tränken, den amerikanischen Tiger, den Tapir und das Nabelschwein (Pecari, Dicotyles). Wenn sie, durch ein vorüberfahrendes Canot der Indianer* beunruhigt, sich in den Wald zurückziehen wollen, so suchen sie nicht die Hecke des Sauso mit Ungestüm zu durchbrechen, sondern man hat die Freude, die wilden Tiere vier- bis fünfhundert Schritt langsam zwischen der Hecke und dem Fluss fortschreiten und in der nächsten Öffnung verschwinden zu sehen. Während wir 74 Tage lang auf einer wenig unterbrochenen Flussschiffahrt von 380 geografischen Meilen auf dem Orinoco, bis seinen Quellen nahe, auf dem Cassiquiare und dem Rio Negro in ein enges Canot eingesperrt waren, hat sich uns an vielen Punkten dasselbe Schauspiel wiederholt; ich darf hinzusetzen: immer mit neuem Reize. Es erscheinen, um zu trinken, sich zu baden oder zu fischen, gruppenweise Geschöpfe der verschiedensten Tierklassen: mit den großen Mammalien vielfarbige Reiher, Palamedeen und die stolz einherschreitenden Hokkohühner (Crax Alector, C. Pauxi). »Hier geht es zu wie im Paradiese, es como en el Paraiso«, sagte mit frommer Miene unser Steuermann, ein alter Indianer*, der in dem Hause eines Geistlichen erzogen war. Aber der süße Friede goldener Urzeit herrscht nicht in dem Paradiese der amerikanischen Tierwelt. Die Geschöpfe sondern, beobachten und meiden sich. Die Capybara, das 3 bis 4 Fuß lange Wasserschwein, eine kolossale Wiederholung des gewöhnlichen brasilianischen Meerschweinchens (Cavia Aguti), wird im Flusse vom Krokodil, auf der Trockne vom Tiger gefressen. Es läuft dazu so schlecht, dass wir mehrmals einzelne aus der zahlreichen Herde haben einholen und erhaschen können.

Unterhalb der Mission von Santa Barbara de Arichuna brachten wir die Nacht wie gewöhnlich unter freiem Himmel auf einer Sandfläche am Ufer des Apure zu. Sie war von dem nahen, undurchdringlichen Walde begrenzt. Wir hatten Mühe, dürres Holz zu finden, um die Feuer anzuzünden, mit denen nach der Landessitte jedes Biwac

Mit den Naturszenen, die ich
hier schildere und die
sich oft für uns wiederholten,
kontrastiert wundersam die
Stille, welche unter den Tropen
an einem ungewöhnlich
heißen Tage in der Mittags-
stunde herrscht.

wegen der Angriffe des Jaguars umgeben wird. Die Nacht war von milder Feuchte und mondhell. Mehrere Krokodile näherten sich dem Ufer. Ich glaube bemerkt zu haben, dass der Anblick des Feuers sie ebenso anlockt wie unsre Krebse und manche andere Wassertiere. Die Ruder unserer Nachen wurden sorgfältig in den Boden gesenkt, um unsere Hängematten daran zu befestigen. Es herrschte tiefe Ruhe; man hörte nur bisweilen das Schnarchen der Süßwasser-Delfine, welche dem Flussnetze des Orinoco wie (nach Colebrooke) dem Ganges bis Benares hin eigentümlich sind und in langen Zügen aufeinander folgten.

Nach 11 Uhr entstand ein solches Lärmen im nahen Walde, dass man die übrige Nacht hindurch auf jeden Schlaf verzichten musste. Wildes Tiergeschrei durchtobte den Forst. Unter den vielen Stimmen, die gleichzeitig ertönten, konnten die Indianer* nur die erkennen, welche nach kurzer Pause einzeln gehört wurden. Es waren das einförmig jammernde Geheul der Aluaten (Brüllaffen), der winselnde, fein flötende Ton der kleinen Sapajous, das schnurrende Murren des gestreiften Nachtaffen (Nyctipithecus trivirgatus, den ich zuerst beschrieben habe), das abgesetzte Geschrei des großen Tigers, des Cuguars oder ungemähnten amerikanischen Löwen, des Pecari, des Faultiers und einer Schar von Papageien, Parraquas (Ortaliden) und anderer fasanenartiger Vögel. Wenn die Tiger dem Rande des Waldes nahe kamen, suchte unser Hund, der vorher ununterbrochen bellte, heulend Schutz unter den Hängematten. Bisweilen kam das Geschrei des Tigers von der Höhe eines Baumes herab. Es war dann stets von den klagenden Pfeifentönen der Affen begleitet, die der ungewohnten Nachstellung zu entgehen suchten.

Fragt man die Indianer*, warum in gewissen Nächten ein so anhaltendes Lärmen entsteht, so antworten sie lächelnd: »Die Tiere freuen sich der schönen Mondhelle, sie feiern den Vollmond.« Mir schien die Szene ein zufällig entstandener, lang fortgesetzter, sich steigernd entwickelnder Tierkampf. Der Jaguar verfolgt die Nabelschweine und Tapirs, die dicht aneinandergedrängt das baumartige Strauchwerk durchbrechen, welches ihre Flucht behindert. Davon erschreckt, mischen von dem Gipfel der Bäume herab die Affen ihr Geschrei in das der größeren Tiere. Sie erwecken die gesellig horstenden Vogelgeschlechter, und so kommt allmählich die ganze Tierwelt in Aufregung.

Eine längere Erfahrung hat uns gelehrt, dass es keinesweges immer »die gefeierte Mondhelle« ist, welche die Ruhe der Wälder stört. Die Stimmen waren am lautesten bei heftigem Regengusse oder wenn bei krachendem Donner der Blitz das Innere des Waldes erleuchtet. Der gutmütige, viele Monate schon fieberkranke Franziskanermönch, der uns durch die Katarakten von Atures und Maypures nach San Carlos des Rio Negro bis an die brasilianische Grenze begleitete, pflegte zu sagen, wenn bei einbrechender Nacht er ein Gewitter fürchtete: »möge der Himmel, wie uns selbst, so auch den wilden Bestien des Waldes eine ruhige Nacht gewähren!«

Mit den Naturszenen, die ich hier schildere und die sich oft für uns wiederholten, kontrastiert wundersam die Stille, welche unter den Tropen an einem ungewöhnlich heißen Tage in der Mittagsstunde herrscht. Ich entlehne demselben Tagebuche eine Erinnerung an die Flussenge des Baraguan. Hier bahnt sich der Orinoco einen Weg durch den westlichen Teil des Gebirges Parime. Was man an diesem merkwürdigen Pass eine Flussenge (Angostura del Baraguan) nennt, ist ein Wasserbecken von noch 890 Toisen (5340 Fuß) Breite. Außer einem alten dürren Stamme der Aubletia (Apeiba Tiburbu) und einer neuen Apozinee, Allamanda salicifolia, waren an dem nackten Felsen kaum einige silberglänzende Croton-Sträucher zu finden. Ein Thermometer, im Schatten beobachtet, aber bis auf einige Zolle der Granitmasse turmartiger Felsen genähert, stieg auf mehr als 40° Réaumur. Alle ferne Gegenstände hatten wellenförmig wogende Umrisse, eine Folge der Spiegelung oder optischen Kimmung (mirage). Kein Lüftchen bewegte den staubartigen Sand des Bodens. Die Sonne stand im Zenit, und die Lichtmasse, die sie auf den Strom ergoss und die von diesem, wegen einer schwachen Wellenbewegung funkelnd, zurückstrahlt, machte bemerkbarer noch die nebelartige Röte, welche die Ferne umhüllte. Alle Felsblöcke und nackten Steingerölle waren mit einer Unzahl von großen, dickschuppigen Iguanen, Gecko-Eidechsen und buntgefleckten Salamandern bedeckt. Unbeweglich, den Kopf erhebend, den Mund weit geöffnet, scheinen sie mit Wonne die heiße Luft einzuatmen. Die größeren Tiere verbergen sich dann in das Dickicht der Wälder, die Vögel unter das Laub der Bäume oder in die Klüfte der Felsen; aber lauscht man bei dieser scheinbaren Stille der Natur auf die

schwächsten Töne, die uns zukommen, so vernimmt man ein dumpfes Geräusch, ein Schwirren und Sumsen der Insekten, dem Boden nahe und in den unteren Schichten des Luftkreises. Alles verkündigt eine Welt tätiger, organischer Kräfte. In jedem Strauche, in der gespaltenen Rinde des Baumes, in der von Hymenoptern bewohnten, aufgelockerten Erde regt sich hörbar das Leben. Es ist wie eine der vielen Stimmen der Natur, vernehmbar dem frommen, empfänglichen Gemüte des Menschen.

Alexander von Humboldt

Unterwegs mit wilden Kerlen

DAS ARKTISCHE VIRUS

Arktischer Ozean, August 2007
Mit der Yamal zum ersten Mal zum Nordpol

Es kracht. Das Schiff ruckelt. Geschirr scheppert. Holla, sagt Sepp. Sind wir schon im Eis?

Wir sitzen noch beim Abendessen, auf der Yamal, dem russischen Atomeisbrecher. Auf dem Weg von Murmansk zum Nordpol. Sepp zieht die Vorhänge des Speisesaals zur Seite. Eine Eisscholle treibt vorbei. Schnell die Kamera, Jacke, Treppe hinauf, springend. Bis auf das oberste Deck, über der Brücke. Atemlos im Abendlicht. Neugierig, aufgeregt, so gespannt. Der Atem bildet kleine Wölkchen. Alles ist anders auf einmal. Das Licht, das Wasser, die Luft. Es ist kalt.

Wir fahren durch Gold. Der Polartag hat begonnen. Die Sonne steht tief über dem Horizont, aber sie versinkt nicht mehr. Sie strahlt durch den Dunst, taucht das Wasser, den Nebel, die Luft in ein weiches, warmes Gold, mit einem Glanz wie aus dem Kindermalkasten. In der feuchten Luft glitzert es. Einfach so. Als führen wir durch eine geschmückte Weihnachtsgasse auf den Pol zu. Minutenlang kann man nur dastehen, schauen, schauen, schauen, nicht einmal fotografieren. Kann man so ein Licht fotografieren?

Langsam beginnen sich in dem Nebel Konturen zu formen. Helle Umrisse, ungleichmäßige Formen. Eisschollen. Nass, schwer, kalt liegen sie im Wasser. Wir passieren diese Eisinseln, die still weiterziehen, nach Süden. In wärmeres Wasser. Und dort schmelzen. Immer mehr werden es. Der Kapitän lenkt seinen Eisbrecher durch dieses Mosaik aus Wasser und Eis.

Wenn die Stahlhaut eine Scholle streift, durchdringt ein hohles Kratzen das Schiff. Ich blicke zurück. Die schaumige Schiffsspur, sie führt nicht mehr schnurgerade dahin, sie macht jetzt ein Zickzack. Ein Eisbrecher fährt so wenig wie möglich durch Eis, sagt der Kapitän später zu mir. Er fährt, so lange es geht, um das Eis herum.

Die Schollen schaukeln. Das Eis knistert. Eis, das nach Süden zieht. Julius Payer, der große Entdecker und Polarforscher, schreibt 1872 in sein Tagebuch, es gebe wohl kein melancholischeres Bild als dieses flüsternde Hinsterben des Eises: »Langsam, stolz wie eine Festung, zieht die ewige Reihenfolge weißer Särge dem Grabe zu, in der südlichen Sonne.« Wie gut diese Beschreibung passt. Die Schollen liegen nicht einfach nur im Wasser. Ihr langsames Dahindriften wirkt seltsam erhaben. Es rührt an mein Herz, dieses Bild.

Das Meer hat seine Farbe verändert. War es gestern und auch heute Morgen noch grünlich, ist es jetzt schwarz. Ein dunkles, kaltes Schwarz. Wir haben die Schelfgebiete der Barentssee verlassen und befinden uns nun im Arktischen Ozean. Mehr als 4000 Meter ist das Meer hier tief. Der Golfstrom, hier ist er kaum noch zu spüren. Eine Meeresströmung, die uns in Europa das warme Klima beschert. Gestern Nachmittag konnten wir noch in der Sonne sitzen, an einem windgeschützten Fleck an Deck. 15 Grad hatte es dort. Mit dem Herausfahren aus der warmen Strömung ist die Temperatur innerhalb

weniger Stunden auf den Gefrierpunkt gesunken. Eine eindrucksvolle Klimastunde.

Es kracht. Die Yamal erzittert. Ich greife nach dem Geländer. Die Schollen, es werden immer mehr. Sepp, Österreicher, als Dozent für Geologie an Bord, kommt mir hinterher. Mit einem riesigen Teleobjektiv. Seit Jahren macht er diese Touren. Schweigend stehen wir lange da und staunen die Welt an. Das erste Eis ist doch immer was Besonderes, sagt er irgendwann. Dann schweigen wir weiter. Stehen im Windschatten der hohen Reling und beobachten, wie das Eis immer dichter und dichter wird. Wir sollten einen Schnaps trinken, sagt Sepp als Nächstes. Das sollten wir, sage ich.

Die Yamal, sie ist ein wunderbares Schiff. Schiff allerdings darf man zu ihr nicht sagen, auch das lerne ich später noch vom Kapitän. Sie ist ein Eisbrecher. Und ein Eisbrecher ist ein Eisbrecher ist ein Eisbrecher. Kein Schiff. Mit diesem Eisbrecher also, angetrieben von zwei Atomreaktoren, reisen normalerweise keine Passagiere. Sondern Seeleute. Und die machen keine lustigen Seefahrten. Sondern ernsthafte Arbeit. Der Job der Yamal ist es, entlang der Nordostpassage den Weg frei zu brechen für Frachtschiffe. Frachter, die als Versorgungsschiffe dienen und gleichzeitig Nickel und andere Bodenschätze aus den riesigen Minen der Region abtransportieren. Nur einmal im Jahr müssen die russischen Seeleute zusammenrücken. Für Passagiere, die zum Nordpol wollen. Ein bunter Haufen aus zahlungskräftigen Urlaubern und einigen an der hohen Arktis hochinteressierten Historikern und Wissenschaftlern. Nicht alle Seeleute sind begeistert davon. Auch für den Kapitän ist diese Art der Reise unter seiner Würde, das versteht man gleich. Ein Eisbrecherkapitän ist kein Kreuzfahrtdirektor, signalisiert er. Und die Yamal, sie ist auch nicht für Kreuzfahrten gebaut. Es gibt nicht viele Aufenthaltsmöglichkeiten, keinen Bordfrisör, keinen Zimmerservice. Sie ist ein stolzes Schiff, pardon, ein stolzer Eisbrecher, ein Stahlkoloss. Ohne Schnickschnack. Es gibt genau zwei Meter poliertes Messinggeländer auf der Yamal. Es ist an der winzigen Bar angebracht. Und die befindet sich im Treppenhaus, in dem kleinen Vorraum vor dem Speisesaal. Jeder, der in seine Kabine will, muss an der Bar vorbei. Das Messinggeländer, manchmal wird es dringend gebraucht.

Wir wärmen uns an dieser Bar auf. Holen dickere Jacken und klettern wieder nach oben, nach kaum einer Stunde. Es zieht einen hinaus. Und wieder ist alles anders. Der Dunst ist weg. Der Himmel, dunkelblau hängt er über uns. Die Sonne, jetzt steht sie genau im Norden. Wir fahren direkt auf sie zu. Kurz vor Mitternacht ist es so hell, dass wir unsere Sonnenbrillen aufsetzen. Hinter uns hat sich vor dem Nebel, den wir durchfahren haben, ein Nebelbogen gebildet. Zum ersten Mal sehe ich einen solchen breiten, hellen, weißen Bogen, eines der Phänomene, die man hier so oft beobachten kann: ein Regenbogen ohne Farben. Weil die Tröpfchen des Nebels so fein sind, dass nur weißes Licht reflektiert wird. Er scheint sich zu bewegen, vor dem Blau des Himmels. Die Nebelwand selbst, die diesen Effekt verursacht, sieht man kaum mehr. Es sieht aus, als seien wir genau durch diesen Bogen hindurchgefahren, wie durch ein Tor.

Das war das Tor zur Arktis, sagt Sepp. Macht erst ein paar Fotos und zieht dann eine Wodkaflasche aus der Jackentasche. Glasln hab ich auch dabei, österreichert er in die kalte Nachtluft hinein. Das erste Eis muss man feiern, das ist halt mal so. Und wenn du so narrisch bist, dass du immer hier draußen stehst, muss die Bar halt zu dir kommen, sagt er. Schenkt Wodka in die Glasln. Der Wodka, auf Deck 7 der Yamal, er fließt in den Bauch und wärmt.

Das Eis wird dichter. Bald kann die Yamal nicht mehr ausweichen, es hilft kern Zickzackkurs mehr. Wir fahren durch die ersten großen Eisfelder. Der Rumpf schiebt sich auf das Eis. Es zischt. Knackt. Wie Blitze schießen Risse vom Bug der Yamal durch das Eis. Es bricht. Wasser fließt auf seine Oberfläche, färbt den hellen Schnee dunkel. Es rumpelt. Es ist ein grandioses Schauspiel. Was für eine Kraft!

Das gebrochene Eis, es wird vom gewaltigen Rumpf der Yamal zur Seite gedrängt. Die Schollen stellen sich auf. So sehen wir den Querschnitt, sehen, dass es hier etwa einen Meter dick ist. Meereis ist anders als das Eis auf Seen. Das Salz spaltet sich beim Gefrieren ab und macht das Eis porös. Es ist von vielen Kanälen durchzogen, in denen sich das Salz sammelt und langsam ausgewaschen wird. Junges, auch einjähriges Eis genannt, also Eis, das erst in diesem Jahr entstanden ist, ist deshalb eher grau, weil so viel Luft und Salz eingeschlossen sind. Je älter das Eis ist, umso blauer erscheint es, weil das

Salz immer mehr ausgewaschen und das Eis kompakter wird. Mehrjähriges Eis ist so türkis wie ein Gletschersee.

An vielen der Bruchstücke hängt unten bräunlicher Schlamm. Eisalgen. Sie wachsen besonders im arktischen Sommer, wenn die Sonne rund um die Uhr ihre Energie schickt.

Sie sind der Anfang allen Lebens im Arktischen Ozean, der Anfang der übersichtlichen Nahrungskette und jedes Jahr von Neuem die Initialzündung für das mit jedem Sonnenstrahl weiter explodierende Leben im kurzen arktischen Sommer.

Als ich im August 2007 an der Reling stehe, weiß ich all das noch nicht. Ich weiß nur, es ist wunderschön, was ich da sehe. Wunderschön und geheimnisvoll. Das Eis sieht immer wieder anders aus. Es ist wie mit einem Feuer, in das man stundenlang blicken kann und das nie langweilig wird. Man kann sich nicht sattsehen. Es ist weit nach Mitternacht. Ich will nicht schlafen gehen. Jede Sekunde will ich mitbekommen von diesem Spektakel. Das denken sich auch die, mit denen ich während der Essenszeiten im Speisesaal am Tisch sitze. Eine lustige Truppe. Von dem ganzen Schiff sind wir die Einzigen, die noch draußen sind, oben auf dem offenen Deck. Ein kleines bisschen liegt das auch an Sepps Wodkaflasche. Wahrscheinlich. Und ein kleines bisschen macht die natürlich alles noch mal so schön.

Und schreiben will ich. Was hier alles in mich einströmt, will gerade so auch wieder heraus. Auf der Yamal bin ich als Journalistin unterwegs, jeden Tag schicke ich einen Text über das Satellitentelefon in den Süden. Wie ich da genügend Stoff bekommen will, wenn man immer nur durchs Eis fährt, bin ich vor der Abreise gefragt worden. Ich wusste keine rechte Antwort darauf, aber ich wusste, dass hier mehr als genug Stoff darauf wartet, aufgeschrieben zu werden. Und so ist es auch. Man muss nur die Augen aufmachen.

Ich sitze unter einem der großen Scheinwerfer der Yamal, die in der Polarnacht den Weg durch das Eis leuchten. Die Hände in der Jackentasche, eingemummt, mit Blick auf das Eis. Geh, Madl, sagt Sepp, wuist ned langsam schlafen gehen? Nein, will ich nicht. Kann ich nicht. Wer kann denn jetzt von hier weggehen? Diese ganzen

Meereis ist anders als
das Eis auf Seen.
Das Salz spaltet sich
beim Gefrieren ab
und macht das Eis porös.

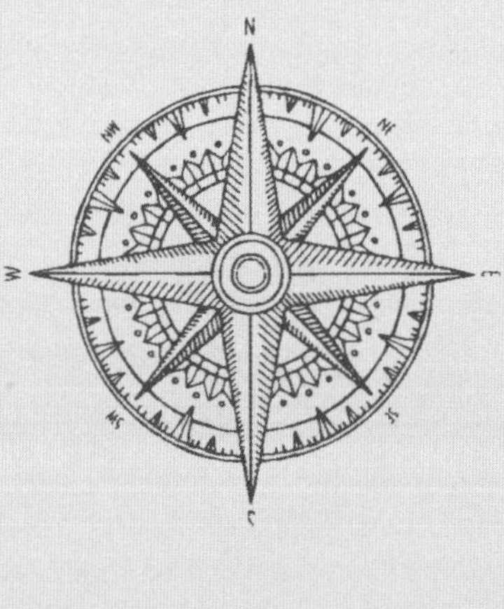

Geschichten der alten Expeditionen, von den Entdeckern des 19. Jahrhunderts, hier haben sie gespielt. In diesem Eis, in diesem Licht. In diesen Stunden öffnet sich mir eine vollkommen neue Welt. Ich verstehe, dass die Pioniere immer wieder neu aufbrechen mussten, es immer und immer und immer wieder versuchen mussten. Hinaufzukommen zum Pol.

Weil man wissen muss, wie es weitergeht, was noch kommt, was dort noch ist. Es zieht einen einfach hinein in dieses Eis. Als sei dort irgendeine Macht, irgendein Magnet. Wie mag das gewesen sein damals, für diese Männer, die auszogen, die Welt an ihren Enden zu erkunden? Monatelang unterwegs auf einem zugefrorenen Meer? Nicht wissend, ob sie es schaffen würden, irgendwo Land zu erreichen, bevor das Eis unter den Skispitzen schmilzt? Nicht wissend, wann sie wohin zurückkehren würden? Und ob überhaupt? Wie stark muss ihr Entdeckerdrang gewesen sein, wenn sie diese Ungewissheit trotzdem auf sich nahmen, sich hineintrauten in diese Welt?

Ich glaub, dich hat was gebissen, sagt Sepp nach einer Weile. Mich hat was gebissen? The Arctic Bug, der arktische Käfer, sagt er, und jetzt hast du es, das arktische Virus. Voll erwischt. Dann dreht er sich mit einem Ruck um. Schau, ruft er, Eisbärenspuren! Tatsächlich. Ganz deutlich sind die Abdrücke enormer Tatzen im Schnee zu erkennen. Laut Sepp sehen sie frisch aus. Hier, doziert er, haben wir die größte Chance, Bären zu sehen. Wir fahren mittendurch, durch das Bärenland. Hier ist das Eis offen genug für Robben. Und wo Robben sind, sind Bären. Weiter nördlich, wo die Eisdecke geschlossener ist, wird die Wahrscheinlichkeit, auf Bären zu treffen, immer geringer. Jetzt müssen wir die Augen offen halten, sagt er. Wie soll ich jemals schlafen hier? Wenig später rumpeln wir an einer Robbe vorbei. Irgendwann werden wir ihr zu laut, und sie rutscht ins Wasser.

Diese erste Reise zum Pol wird zu den schlaflosesten Tagen meines Lebens. Der Expeditionsleiter Victor Boyarsky, den ich zu Anfang gleich mal mit dem Kapitän verwechsle und damit schon einen bleibenden Eindruck hinterlasse, stellt irgendwann die gleiche Diagnose wie Sepp. Das arktische Virus, es hat voll zugeschlagen. Ich verbringe viel Zeit im Kraftraum der Mannschaft, einem stählernen, schmuck-

losen Raum neben dem Reaktor. Weil die Energie irgendwohin muss, aus mir rausmuss, weil ich den ganzen Tag hüpfen könnte vor Freude, weil es überquillt in mir, so wunderbar ist die Welt um uns herum.

Du musst im Winter wiederkommen, sagt Victor irgendwann, willst du nicht auch aus Barneo ein Tagebuch schreiben? Und eine Skitour zum Nordpol machen? Barneo ist eine russische Drifteisstation. Und Victor einer der Köpfe dahinter. Klar, dass ich will.

Jede freie Minute stehe ich draußen und schaue der Yamal bei ihrer Arbeit zu. In einer jener schlaflosen Nächte, in denen ich gegen drei Uhr morgens hinausgehe auf den Bug der Yamal, drehe ich mich um und schaue auf die Brücke. Der Steuermann sieht aus dem Fenster. Er winkt. Sie kennen meine blaue Jacke jetzt schon. Ich winke zurück. Und da drückt er kurz das Schiffshorn. Um drei Uhr nachts, das Horn eines Atomeisbrechers, im Arktischen Ozean. Für mich. Ich zucke zusammen und lache, und der Steuermann lacht und bedeutet mir, ich solle ihn nicht verraten.

Auf dieser ersten Reise sehen wir eine Bärenmama, deren Kinder sich um eine Robbenhaut streiten. Wir gehen im Eiswasser schwimmen. Ich steige zum ersten Mal in den großen, blau-orangefarbenen MI-8-Hubschrauber, der auf dem Helikopterdeck am Heck mit uns reist. Zum ersten Mal holen mich die Piloten ins Cockpit, vorn hinein auf den Navigatorplatz, rundum aus Glas. Zum ersten Mal fliege ich so über das Eis und kann und kann und kann nicht fassen, was ich da sehe. Zum ersten Mal betrete ich Franz-Joseph-Land, diese geheimnisvollen Gletscherinseln, auf denen so viel passiert ist in der langen Geschichte der Expeditionen zum Nordpol. Am Ende schenkt Victor mir eine Flasche Nordpolwasser. Weil ich von allen Passagieren diejenige bin, die mit Abstand die längste Zeit an Deck stand, begründet er das Geschenk. Wir sehen uns in Barneo, sagt er.

Und genau das tun wir auch. Nach dieser ersten Reise werde ich immer mehr über das Eis schreiben, ich werde nach Spitzbergen und Barneo fahren und den Nordpol im Spätwinter erleben, ich fahre nach Kanada, gehe mit Walen schnorcheln und beobachte Eisbären, atemlos, ich beginne ein Studium über die zirkumpolaren Gebiete,

halte auf Schiffen Vorträge. Ich lerne immer mehr Menschen dieser kleinen verrückten polaren Gemeinde kennen und traue mich immer tiefer hinein in das Eis. Weil es so ist, wie Sepp sagt, damals, bei der Rückkehr, als ich mit ihm an der Reling stehe. Und im Atomhafen in Murmansk das Anlegemanöver beobachte. Was macht man eigentlich, wenn einen das arktische Virus voll erwischt hat?, frage ich ihn. Sepp schaut über die Kola-Bucht. Dann wartet die beste Zeit deines Lebens auf dich, sagt er, und das klitzekleine Pathos ist durchaus angebracht in Anbetracht der Tage, die hinter uns liegen. Und er sagt: Weil du deine Träume dann nicht mehr nur träumst, sondern lebst. Weil du gar nicht mehr anders kannst.

PLACKEREI IM PACKEIS

Im Eis, April 2010
Tag 1 bis 4
Wir kämpfen gegen die Strömung, kommen nur langsam voran
Distanz am Startpunkt 111 km, nach drei Stunden 105 km;
Tag 2 morgens 107 km, abends 97,4 km;
Tag 3 morgens 100 km, abends 88,8 km;
Tag 4 morgens 99,8 km, abends 90,5 km.

Der Wind, abrupt reißt er ab. Ich richte mich auf. Hoch ist der Helikopter. Schnell ist er aufgestiegen, so wenig Abwind wie möglich auf uns werfend. Ich stehe da. Schaue ihm hinterher. Er fliegt einer tief stehenden Sonne entgegen. Es ist still. Ich stehe auf einer mehr als 14 Millionen Quadratkilometer großen Eisfläche. Und halte die Luft an. Schaue mich um. Thomas läuft auf mich zu. Johlend. Wow, das ist doch einfach super, oder, ruft er. Dieser Vogel, das ist einfach der Wahnsinn, wenn der aufsteigt über dir! Juuuchuuu!

Das ist es, ja. Wir klatschen uns ab, lachen, es ist unfassbar, wie viel Endorphin der Körper einem ins Blut pumpen kann. Allein dieser Moment, er war es schon wert. Ich drehe mich um meine Achse, breite die Arme aus, lache, juble. Es geht los!

Es dauert ein paar Minuten, bis wir wieder normal agieren können. Bis wir uns so weit beruhigt haben, dass wir wieder koordiniert handeln können. Und bis uns außerdem ein bisschen kalt wird und wir losgehen sollten. Markus fotografiert wie ein Wilder. Urs und Max nesteln an ihren Jacken herum. Thomas steckt seine Kamera in den Schlitten. Wir sortieren unsere fünf Paar Ski auseinander, ziehen unsere Daunenjacken aus.

Es ist 15 Uhr, als wir abgesetzt werden, nach Longyearbyenzeit. Nach dieser Zeit werden wir leben, weil es einfach ist und wir uns nicht umstellen müssen. So ist zumindest der Plan. Die Ortszeit benötigen wir aber trotzdem auch: um mit dem Sonnenstand zu navigieren. Nach dieser ist es jetzt 20 Uhr abends. Und weil die Sonne pro Stunde 15 Grad um den Horizont wandert, müssen wir jetzt also so gehen, dass wir die Sonne sozusagen um 60 Grad östlich von uns haben. So gehen wir direkt nach Norden. In vier Stunden wird die Sonne 60 Grad gewandert sein und im Norden stehen. Es ist im Grunde ganz einfach. Man darf sich nur nicht mit den Uhrzeiten vertun, und die Uhren sollten auch nicht stehen bleiben.

Genau das passierte den norwegischen Polfahrern Fridtjof Nansen und Hjalmar Johansen am 12. April 1895. Nansen hatte ursprünglich den Plan, mit der eigens dafür gebauten Fram im Eis eingefroren zum Nordpol zu driften, 1893. Als sich nach anderthalb Jahren Drift im Eis herausstellte, dass der Pol weit verfehlt werden würde, traf Nansen eine aberwitzige Entscheidung: Er wollte die Fram verlassen und auf Skiern weiter nach Norden vordringen. Hjalmar Johansen war mutig genug, ihn dabei zu begleiten. Die beiden Männer wussten, sie würden die Fram nie wieder finden, da das Schiff mit dem Eis weiterdriften würde und es mangels Kommunikationsmittel damals keine Möglichkeit gab, die Position der Fram zu verfolgen. Nach ihrem Weg zum Pol, so er ihnen denn gelingen würde, würden sie Richtung Süden zu den noch sehr wenig erforschten und vermessenen Inseln des Franz-Joseph-Landes marschieren müssen. So weit der Plan. Die Männer quälten sich also über Presseisrücken um Presseisrücken Richtung Norden. Gerieten in immer höher aufgeworfenes Eis. Und kamen kaum voran. Am 9. April 1895 fällte Nansen den Entschluss zur Umkehr, auf

Was Nansen und
Johansen da gegen Ende des
19. Jahrhunderts
taten, war wohl eines der
größten Abenteuer,
das die Menschheit je
gesehen hat.

86.14 nördlicher Breite. So weit nördlich wie noch kein Mensch vor ihnen. Doch auf ihrem Weg nach Süden blieben beide Uhren stehen, erst die Johansens und dann die Nansens. Nun gab es keine Möglichkeit mehr, den genauen Längengrad zu bestimmen – und doch mussten sie Franz-Joseph-Land finden, bevor das Eis im Sommer schmolz.

Was Nansen und Johansen da gegen Ende des 19. Jahrhunderts taten, war wohl eines der größten Abenteuer, das die Menschheit je gesehen hat. Es gelang ihnen, sie fanden Franz-Joseph-Land. Fanden auf der Jackson-Insel einen kleinen Streifen Land, der nicht mit Eis überzogen war. Gruben sich mühselig eine Vertiefung in den gefrorenen Boden, häuften Steine ringsum, ein Baumstamm diente ihnen als First und die Felle geschossener Robben und Eisbären als Dachbedeckung. In dieser jämmerlichen Höhle überwinterten sie, harrten darin aus, die ganze dunkle Polarnacht hindurch. Als Lichtquellen dienten ihnen Tranlampen, aus dem geschmolzenen Fett der erlegten Tiere, fettig rußende Dochte, die Kleidung und Haare der beiden nach und nach mit Fett durchtränkten und schwarz einfärbten. In einem Schlafsack schliefen die beiden, und an Weihnachten drehten sie zur Feier des Tages ihre Unterhosen um. Und trotz dieses Angewiesenseins aufeinander sollte es bis Weihnachten dauern, bis der gebildete Nansen seinem Kameraden, einem einfachen Heizer, das informelle »du« als Anrede anbot.

Als das Licht wiederkehrte, im Frühjahr 1896, machten sie sich weiter auf den Weg nach Süden, durchquerten den ganzen Archipel. Auf einer der südlichsten Inseln geschah dann das Wunder, einer der größten Zufälle der Geschichte: Die beiden Norweger trafen auf Kap Flora auf die britische Expedition Frederick George Jacksons. Der hatte sich einst bei Nansen beworben, unbedingt wollte er dabei sein bei der großen Polfahrt des Norwegers. Doch weil er Brite war, verweigerte ihm Nansen die Teilnahme – und so stellte Jackson seine eigene Expedition auf die Beine. Mit seinem Schiff, der Windward, kehrten die Männer nach Norwegen zurück, drei Jahre, nachdem sie aufgebrochen waren.

Diese Geschichten sind es, die die Arktis zu einem Abenteuerland machten und noch immer machen. Verglichen damit sind wir Spa-

ziergänger. Der Ausgang unseres Unternehmens ist nicht ungewiss. Wir werden irgendwann mit Hubschraubern abgeholt, und selbst wenn es einen Sturm gibt, wir müssten nichts tun als warten. Unser Leben hängt nicht davon ab, dass wir den Pol erreichen, und schon gar nicht davon, dass wir von dort mehr als 1200 Kilometer Richtung Süden marschieren. Und wenn unsere Armbanduhren stehen bleiben, so hat das GPS eine Uhr, die uns sowieso die Position am schnellsten und genauesten sagt und damit auch die Richtung, in die wir gehen müssen. Wir bewegen uns zwar im Eismeer. Aber die Zivilisation und ihre Sicherungen haben wir dabei.

Und dennoch ist es überwältigend, hier zu stehen. Zum ersten Mal stemmen wir uns in unser Geschirr, setzen den Schlitten in Gang. Es fühlt sich ungewohnt an. Die weichen Schuhe, die dünnen Skier, der Schlitten, der an der Hüfte hängt. Gleichzeitig dieses Staunen über die Welt, in der wir unterwegs sind. Gigantische Eisblöcke, eingewehte Presseisrücken, Wellenmuster im Schnee. Die Arbeit des Winds. Wir gehen durch eine Naturkunsthalle. Was für eine Ehre, dass wir diese betreten dürfen. In mir singt alles. Es ist wunderschön.

Manchmal ist das Eis glatt, dann rutschen die schmalen Skier, und man muss die Stöcke mit viel Gewalt in den Boden rammen, um vorwärtszukommen. Dann klappern die Ski. Manchmal ist das Eis von einer hart gepressten Schneeschicht überzogen, dann tönt ein hohes Pfeifen unter den Skiern hervor. Manchmal klingt es seltsam hohl, manchmal dumpf. Und manchmal bleibt der Schlitten in weichen Wehen hängen. Eis ist nie gleich, jeder Meter ist anders, in jeden Zentimeter haben Wind und Schnee ein anderes, neues Muster gemalt, ihn hart oder weich, porös werden lassen oder zusammengepresst.

Drei Stunden gehen wir an diesem ersten Tag, zum Eingewöhnen. Sechs Kilometer schaffen wir in dieser Zeit nur, das ist nicht viel. 105 Kilometer beträgt unsere Distanz zum Pol, als wir unser erstes Camp aufgebaut haben. Thomas ist nicht begeistert. Aber er meint, am Anfang sei man immer langsamer. Die Bedingungen sind so weit gut. Das Eis nicht zu aufgeworfen, die Temperatur mit nur minus zehn Grad fast zu warm, ein leichter Wind weht.

Dass aber bald alles völlig anders sein und das mit der Gewöhnung bei einigen eben genau nicht passieren würde und dass wir außerdem noch unsere ganz eigene Zeitzone etablieren würden – das wussten wir da noch nicht.

Denn die Bedingungen scheinen nur gut. In Wahrheit bewegt sich das Eis, und unsere kleine Fünfergruppe auf ihm, konstant Richtung Süden, genauer: Südosten. Als wir am nächsten Morgen aufwachen, sind wir wieder 107 Kilometer vom Pol entfernt. Zwei Kilometer haben wir verloren. Das Eis liegt grau vor uns. Die Presseisrücken, die wir überqueren müssen, werden größer und größer. Das Eis stapelt sich. Verkantet. Ski abschnallen. Klettern, in der Hand die Ski, an den Handgelenken baumeln die Stöcke, an der Hüfte hängt der Schlitten. Max schätzt die Höhe einiger Presseisrücken auf mehr als drei Meter. Wir klettern an ihnen hinauf. Und auf der andren Seite wieder hinunter. Auf den Eisblöcken liegt frisch gefallener Schnee. Rutschig. Wir kämpfen uns vorwärts.

Es ist anstrengend. Und spannend. Wir passieren bizarre Eisformationen. Manchmal liegen riesige Eisblöcke einfach so auf einer großen Fläche flachen Eises. Es ist faszinierend, welche Kräfte der Natur man hier sieht. Faszinierend auch, dass die Kälte einen ganzen Ozean so zum Erstarren bringt. Obwohl es doch so wenig Eis ist, gemessen an den tiefen Wassern unter uns. Verglichen mit 4000 Metern Wasser ist der Eisdeckel so dünn, meistens zwischen wenigen Zentimetern und maximal zweieinhalb Metern. Und doch ist der Ozean ruhig. Fast.

Auf den flachen Arealen zwischen den Presseisrücken gehen wir gleichmäßig dahin. Es ist Arbeit, wohltuende Arbeit. Die Luft tut gut, in den Lungen. Die Muskeln arbeiten. Es ist angenehm zu gehen, die Neoprenmasken brauchen wir nicht, so warm ist es. Wir sind unterwegs, es fühlt sich fantastisch an. Thomas schreitet weit aus, geht gleichmäßig und zügig. Er freut sich, hier zu sein, das sieht man. Nur sein Schlitten macht es ihm schwer, in dem rutschigen Neuschnee.

Irgendwann hält er an. Dort vorne kommt offenes Wasser, sagt er. Woher weißt du? Das siehst du am Himmel, sagt er, kannst du

dich an Nansens Bericht erinnern? Wenn der Himmel dunkel ist, liegt offenes Wasser darunter. Wo die Wolken heller sind, reflektiert das Eis das Licht. Ich schaue die Wolken an. Sind das nicht einfach nur dunkle Wolken?

Wenig später sehen wir es. Eine riesige Rinne. Sie versperrt uns den Weiterweg nach Norden. Wohin sollen wir uns wenden? Nach Osten? Nach Westen? Welche Richtung? Wo wird das Eis schneller wieder geschlossen sein? Wie lang ist die Rinne? Wir können es nicht wissen. Thomas steigt auf hohe Presseisrücken. Er kann kein Ende der Rinne sehen, in keiner Richtung. Er versucht, den Himmel zu lesen. Wir gehen nach Osten. Marschieren an dem Wasser entlang. Schwarz liegt es zwischen den Eisflächen. Zarte kleine Wellen schwappen an die Ränder. Und dann: übereinandergetürmte

Eisblöcke, eine natürliche Brücke. Nach mehr als einer Stunde. Wir tasten uns darüber. Endlich. Wir können wieder nach Norden weitergehen.

Aber die Drift ist gewaltig. An unserem zweiten Tag im Eis sind wir acht Stunden unterwegs. Unsere Distanz zum Pol verringern wir aber nur um mickrige zehn Kilometer. Noch immer haben wir 97,4 km vor uns. Als wir im Zelt sitzen, sehen wir auch, warum. Das GPS zeigt an, dass wir uns jetzt noch schneller bewegen als in der vergangenen Nacht. Nach Süden. 800 Meter pro Stunde ist unsere Geschwindigkeit. Sitzend. Das Eis nimmt uns die gegangene Strecke wieder ab. Es ist, als würden wir auf einem Förderband laufen. Ein Förderband, das in die falsche Richtung läuft.

Eigentlich sollte uns die transpolare Drift auf den Pol zuschieben. Eigentlich. Aber in diesen Tagen hat sie sich umgedreht, weil der Wind sich gedreht hat und die Eismassen vor sich herweht. Es geht uns ein bisschen wie Nansen, damals, als er auch nicht mehr weiterkam nach Norden. Doch auch wenn er den Pol nicht erreichte, so gelangen ihm doch große Entdeckungen. Mit der Driftfahrt der Fram auf dem dahinziehenden Eis bewies er die transpolare Eisdrift, die man bis dahin nur vermutete. Vermutete, weil man einige Jahre zuvor eine seltsame Entdeckung gemacht hatte, am 18. Juni 1884. Nahe Qa-

qortoq, vor der Küste Grönlands, fanden sich Wrackteile. Auf einer Eisscholle. Es sind Teile der Jeannette. Zerquetscht worden war sie vor der sibirischen Küste. 4000 Kilometer weit weg.

Die Jeannette war ein stolzes Schiff, unterwegs im Auftrag der amerikanischen Marine. Ziel: der Nordpol. Kommandant: George Washington DeLong. DeLongs Mannschaft rettet einige Habseligkeiten, bevor ihr Schiff versinkt, auch drei Boote, und macht sich vom 77. Breitengrad auf den beschwerlichen Weg nach Süden. Nur ein Boot schafft es, das Festland zu erreichen, in Sibirien eine Siedlung zu finden. Alle anderen ertrinken, erfrieren oder verhungern.

Der Fund der Wrackteile vor Grönland setzte die Gedanken aller Polarforscher der damaligen Zeit in Gang. Es musste also eine Verbindung geben. Zwischen Sibirien und Grönland. Dieser Fund war es, der Nansen überhaupt erst auf die Idee brachte, die Fram mit einem runden Rumpf bauen zu lassen. Damit sie sich aufs Eis heben und mit ihm reisen würde, anstatt zwischen den Schollen zerquetscht zu werden. Dieser Teil seines Plans gelang. Die Fram verhält sich ganz wunderbar, notiert er in sein Tagebuch nach den ersten Eispressungen vor Sibirien. Und als sich die Fram drei Jahre später nahe Spitzbergen wieder aus dem Eis befreit, ist der Beweis einer Strömung erbracht.

Betrachtet man also, wo wir unseren Marsch über das Eis begonnen haben, so müssten wir eigentlich mit der Drift gehen. Manchmal aber, da dreht die Drift sich um. Die Bewegungen des Eises, sie werden nicht nur bestimmt von Corioliskraft und Meeresströmung, sondern auch vom Wind, der Dicke des Eises, der Temperatur. Auf ihrem Weg von Sibirien nach Grönland haben die Trümmer der Jeannette unzählige Male die Richtung gewechselt, und auch die Fram nahm alles andere als einen direkten Weg. In dem großartigen Fram-Museum in Oslo hängt eine große Karte, auf der die zackige Linie der Framdrift eingezeichnet ist. Lange stand ich vor dieser Karte, bei meinem Zwischenstopp auf dem Weg nach Norden. Folgte der Linie mit den Augen. Stellte mir vor, wie diese Reise gewesen sein muss, immer wieder vor und zurück. Und nun reise ich selbst so.

Thomas und ich funktionieren am zweiten Abend unser Zelt um. In eine kleine Werkstatt. Max hat Schwierigkeiten mit den Skiern. Er rutscht auf dem frisch gefallenen Schnee. Thomas sagt, wir seien sehr langsam. Drift hin oder her. Wir müssten einfach schneller gehen. Also machen wir Felle an Max' Ski und probieren aus, ob er damit besser gehen kann. Wir wärmen erst die Ski, dann die Felle mit dem Benzinkocher an, damit sie besser kleben. Vergehen fast vor Hitze in unserem Zelttunnel. Hängen die Ski dann noch über quer gespannte Schnüre an unseren Zelthimmel, wo es am wärmsten ist. Die Schnüre holt Thomas aus seinem Reparaturkit. Er erinnert mich damit an eine Comicfigur, die aus ihrem Bauchbeutel immer alles, was man gerade braucht, herauszaubert. Dieses Kit wiegt ein paar Kilo. Aber wahrscheinlich kriegt man damit auch einen havarierten Flugzeugträger wieder flott.

Nächster Morgen, Tag 3. Blick auf das GPS. Wir sind fast fünf Kilometer gedriftet. Genauso wie schon in der Nacht zuvor. Aber wenigstens nicht genau nach Süden. Genau hundert Kilometer beträgt unsere Distanz jetzt wieder. Der Wind hat deutlich aufgefrischt. Er rüttelt an den Zeltwänden. Kommt aus Nordwest. Kein Wunder also, dass wir nach Südosten driften. Der Wind bläst das Eis vor sich her. Aber es ist noch einmal wärmer geworden, acht Grad minus nur. Wie es scheint, hängt ein großes Tiefdruckgebiet über uns. Thomas geht auf einen Besuch ins andere Zelt hinüber, zu Markus, Max und Urs. Kommt besorgt zurück. Max und Urs haben am Vorabend kaum etwas gegessen. Eindringlich hat er mit ihnen geredet. Ihnen erklärt, wie wichtig es ist zu essen. Aber sie wollten nicht. Weil ihnen unser Fertigfutter nicht schmeckt, sagen sie. Gefiühstückt haben sie nun auch fast nichts.

Ich betrachte unsere leer gefutterten Essensbeutel. Kartoffeleintopf mit Fleisch, Mousse au Chocolat. Diese Fertignahrung, auf die man nur heißes Wasser zu kippen braucht, ein wenig ziehen lässt und dann direkt aus den Alutüten löffelt, ist eigentlich gar nicht so schlecht. Wobei es gewaltige Unterschiede zwischen den verschiedenen Marken gibt. Deswegen lasse ich für einen Zeitungsartikel sogar einmal Holger Stromberg, den Sternekoch der Fußball-Nationalmannschaft, Expeditionsnahrung verkosten. Er kommt zu ver-

Verglichen damit sind wir Spaziergänger. Der Ausgang unseres Unternehmens ist nicht ungewiss.

nichtenden Urteilen, manches allerdings schmeckt sogar ihm. Vor allem wenn man richtig Hunger hat, sollte man es doch gut essen können, sage ich zu Thomas. Neben unseren Beuteln liegen noch eine leere Packung Nüsse und eine Rolle Schokolade. Das haben wir allein gestern Abend verdrückt, jeder. Heute Morgen einen Beutel Müsli. Und noch eine Rolle norwegischer Schokolade. Macht etwa 3000 Kalorien Vorsprung. Hm, sagt Thomas. Weiß nicht, wie die das machen wollen. Wir packen zusammen, um weiterzugehen.

Tage im Eis, sie sehen so aus: Aufwachen in einem eisigen Zelt. Kocher anschmeißen. Wasser kochen, frühstücken, Zähne putzen, alles vorbereiten. Wenn wir schnell sind, dauert das etwas weniger als eine Stunde. Dann noch einmal hinlegen, eine halbe Stunde vielleicht. Es tut gut, dem Körper etwas Zeit zu geben, mit den ersten 1000 Kalorien und etwa einem Liter Flüssigkeit fertigzuwerden, bevor man sich kniend anziehen muss. Dann Toilette. Noch mal im Schlafsack aufwärmen. Anziehen, abbauen, los. Alles in allem etwa 2,5 Stunden.

Wir gehen nur in unserer Goretex-Kleidung. Wenn dir kalt ist, geh schneller, sagt Thomas. Wenn es stürmt, ziehen wir Isolierjacken darüber. Die Daunenjacken sind nur für die Pausen, etwa alle zwei Stunden: Schlitten auf, Thermoskannen und Essen heraus. Alles mit den dicken Handschuhen. So schnell wie möglich so viel wie möglich essen. Abgepackten Speck, Nüsse, Schokolade – alles durcheinander. Viel trinken. Viel Flüssigkeit geht verloren, über die Atmung in der Kälte. Ohne Bewegung wird es schnell kalt. War man eben noch wohlig warm vom schnellen Marschieren, verlässt einen dieses Gefühl nach ein paar Minuten.

Es ist interessant. Wie der Körper reagiert. Wie dringend man die Bewegung braucht. Genauso dringend das Essen. Der Körper, hier ist er eine Maschine. Als solche muss man ihn begreifen, so einfach sind die Abläufe, und man muss ihn sehr gut warten. Genügend Treibstoff einfüllen. Richtig verpacken. Dabei ist es noch gar nicht richtig kalt.

Die Pausen sind anstrengend. Manchmal wäre es einfacher, einfach immer nur weiterzugehen. Oder sich nur hinzusetzen. Nicht bewegen. Das können wir nie. Harte Arbeit ist der Weg. Harte Arbeit die

Pausen. Das Training, die Ausdauer, die Kraft. Man braucht sie für all die Presseisrücken. Aber auch für diese ganzen kleinen Dinge. Für die Disziplin. Das merke ich jetzt. Es hört nie auf. Das ist das Geheimnis des Polfahrens. Der gesamte Tagesablauf: eine Herausforderung. Jede Kleinigkeit: eine Aufgabe. Im Warmen wäre es einfach. Einen klemmenden Reißverschluss öffnen. Eine hakende Skibindung. Einen Gurt festziehen. Handschuhe aus. Handschuhe an. Warten, bis man die Finger wieder spürt. Noch einmal Handschuhe aus, Bewegungen schnell ausführen. Diese Dinge dürfen nicht an den Nerven zerren. Sie gehören dazu. Sie machen das Ganze aus. So muss man das sehen.

Wofür? Für welche Belohnung? Für die bisher klitzekleinen Momente, in denen wir die arktische Landschaft sehen. Meistens versteckt sie sich gerade in einer milchigen Suppe. Aber der Weg ist noch weit. Wir werden belohnt, ganz bestimmt.

Die Presseisrücken werden höher und höher, der Wind nimmt zu. Mit 44 Kilometern pro Stunde weht er uns schräg ins Gesicht, an diesem dritten Tag. Und es stellt sich heraus, dass unsere Gruppe nicht homogen ist. Max und Urs werden langsamer. Sehr viel langsamer. Als sich das herauskristallisiert, bin ich zunächst erleichtert. Erst einmal bin ich einfach froh, dass ich so gut mithalten kann. Mit der Zeit aber entstehen Spannungen. Es wird überdeutlich, dass Thomas, Markus und ich um einiges langsamer gehen müssen, als wir könnten. Thomas sagt, wir müssten deutlich schneller sein, um gegen diese irrsinnige Drift anzukommen oder vielleicht sogar aus ihr heraus. Es geht bei einer solchen Gegenströmung nicht darum, ein oder zwei Tage länger zu brauchen. Sondern darum, es überhaupt zu schaffen, erklärt er in einer der Pausen. Doch all seine Versuche, Hilfestellung zu leisten, nehmen die beiden nicht an.

Max geht kerzengerade. Er stemmt sich nicht in die Seile seines Schlittens, lässt die Schlaufen seiner Skistöcke nach unten hängen. Trägt seine Isolierjacke. Thomas fragt ihn ein ums andere Mal, ob ihm nicht zu warm ist. Max verneint. Mehrmals erklärt er ihm auch, er solle die Hände in die Stockschlaufen stecken und somit mehr mit den Stöcken arbeiten, die Kraft auf alle vier Extremitäten verteilen. Es verhallt. Urs stöhnt bei jedem Presseisrücken auf.

Braucht sehr lange, um darüber wegzuklettern. Stürzt häufig. Auch das Ski-An- und Abschnallen dauert lang.

Ihr müsst mehr Routine entwickeln, sagt Thomas bei der nächsten Pause. Konzentriert euch auf das, was ihr tut. Gebt euch Mühe, alles so ökonomisch und effizient wie möglich zu machen. Diese Trödeleien summieren sich zu sehr auf. Thomas redet sich den Mund fusselig. Aber es ändert sich nichts. Am Abend des dritten Tages sind wir noch 88,8 km vom Pol entfernt. Wenigstens keine neun mehr, sagt Markus beim Zeltaufbauen in resigniertem Tonfall. Thomas und ich ziehen auf alle restlichen Skier Felle auf. Max aber sagt, es liege nicht an den Fellen, er könne mit und ohne gleich schlecht gehen. Thomas schaut besorgt auf das GPS, während die Felle trocknen. Wir müssten einen Turbo einschalten und raus aus diesem Scheiß hier, sagt er.

Am nächsten Morgen, Tag 4, wachen wir in einem Sturm auf. Die Zeltwände sind nass. Alles im Zelt ist klamm, der Zelthimmel ist nicht wie sonst angefroren. Tropfen hängen an ihm. Erstaunlich. Aber wir spüren auch, es ist noch mal wärmer geworden. Thomas schaltet das GPS an, ich hänge das Thermometer vors Zelt. Und beide können wir kaum glauben, was wir sehen. Die Temperatur ist auf vier Grad minus gestiegen. Vier Grad minus! Das ist viel zu warm für diese Jahreszeit. Und wie sich der Wind nochmals angehoben hat, hat sich die Drift beschleunigt. Auf dem Display des GPS prangt die 1,2. Mit 1,2 Kilometern pro Stunde bewegen wir uns nach Südosten. Ich krieche aus dem Zelt und falle über eine riesige Schneewehe. Ich sehe: nichts. Whiteout. Und der Wind ist jetzt ein Sturm, mit 70 Kilometern pro Stunde. Das erfahren wir aus Barneo, als Thomas dort anruft, um unsere Position durchzugeben. Es ist ein ziemlich großer Zyklon, scheppert Victor ins Telefon. In Barneo hätte es um ein Haar die großen Zelte weggerissen. Im Morgengrauen haben sich zwei große Risse in der Landebahn gebildet. Und die weiteren Aussichten sind auch nicht rosig. Wenn Victor das so sagt, müssen die Vorhersagen verheerend sein.

Thomas besucht die anderen in ihrem Zelt, will wissen, wie es ihnen geht. Wieder haben sie nichts gegessen. Markus sitzt ratlos auf seiner Isomatte. Er ist derjenige in dem Dreierzelt, der kocht, der alle Zeltaufgaben ausführt. Sie wechseln sich nicht ab. Er hat am Morgen

gedroht, den beiden kein Teewasser mehr zu geben, wenn sie nicht zuvor ein bisschen von ihrem Müsli essen würden. Auch das hat nicht funktioniert. Und während dieses Sturms nun wollen sie überhaupt nicht aus dem Zelt. Sie wollen im Zelt warten, bis der Wind abflaut. Wieder fragt Thomas, was er tun könne, damit das Team homogener würde. Doch es bringt nichts.

Also kommt er wieder in unser Zweierzelt zurück. Wir brauchen nicht einmal einen Kocher, so warm ist es. Markus kommt zu uns herüber. Er ist geknickt. Er will zum Pol. So viel steht fest. Er ist nicht ins Eis gekommen, um hier ein bisschen spazieren zu gehen und im Zelt rumzuliegen. Er schaut besorgt auf sein GPS. Fragt, ob wir noch eine Chance haben. Klar haben wir die, sagt Thomas. Schon heute Nachmittag kann alles anders sein. Es kann schnell gehen hier mit dem Wetter.

Wir warten, ob der Sturm sich legt. Trinken zu dritt Tee. Wir sind den vierten Tag im Eis. Und immer noch 95 Kilometer vom Pol entfernt. Wir sind ihm mit all der Plackerei bisher gerade 17 Kilometer näher gekommen. Das schafft man normalerweise an einem einzigen Tag. Hat das denn noch Sinn?, frage ich. Kommen wir denn dagegen an? Thomas sagt, es ist doch erst der vierte Tag. Schau dir an, was andere gemacht haben. Denk an Nansen! Die mussten auch dran glauben. Dass es einen Sinn hat. Wie oft geben wir auf, viel zu schnell. Nur weil es jetzt schwierig ist, zweifelt ihr. Aber das gehört dazu. Ihr müsst es als Teil des Ganzen sehen.

Das ist einfacher gesagt als getan. Gegen Mittag fragt Thomas, was wir tun wollen. Markus und ich sind uns einig: Wir wollen nicht länger dabei zusehen, wie wir uns immer weiter vom Pol entfernen. 14 Kilometer sind wir seit gestern Abend gedriftet. Die Distanz zu unserem Ziel, jetzt beträgt sie wieder fast hundert Kilometer – wie gestern Morgen. Wir wollen weitergehen. Egal, wie der Sturm bläst. Wir wollen es zumindest versuchen. Also beschließt Thomas, dass wir aufbrechen. Markus geht in das Dreierzelt hinüber und verkündet den Beschluss. Eine halbe Stunde später gehen wir los. Zum letzten Mal zu fünft. Distanz: 99,8 Kilometer.

Birgit Lutz

Der große Trip

KURS HALTEN

Ich war dem Schnee aus dem Weg gegangen. Hatte ihn übersprungen. Ich war jetzt außer Gefahr. Der Weg durch das restliche Kalifornien war frei – nahm ich jedenfalls an. Danach durch Oregon nach Washington. Mein neues Ziel war eine Brücke, die den Columbia River, der die Grenze zwischen den beiden Staaten bildete, überspannte. Die Brücke der Götter. Sie war 1622 Trail-Kilometer entfernt. Bisher hatte ich nur 274 zurückgelegt, aber mein Tempo wurde besser.

Am Morgen wanderten Greg und ich auf dem Randstreifen der Straße zweieinhalb Kilometer aus Sierra City hinaus bis zu der Stelle, wo sie den PCT kreuzte. Dann folgten wir dem Trail ein paar Minuten lang zusammen, ehe wir stehen blieben und uns von einander verabschiedeten.

»Viel Glück«, sagte er und sah mich aus seinen braunen Augen an.

»Auch Ihnen viel Glück.« Ich zog ihn in eine feste Umarmung.

»Bleiben Sie am Ball, Cheryl«, sagte er, drehte sich um und wanderte los.

»Sie auch«, rief ich ihm nach, als würde er das nicht ohnehin tun. Zehn Minuten später war er meinem Blick entschwunden.

Ich freute mich, wieder auf dem Trail zu sein, 720 PCT-Kilometer nördlich von der Stelle, wo ich ausgestiegen war. Die verschneiten Gipfel und hohen Granitfelsen der High Sierra waren nicht mehr zu

sehen, und dennoch kam mir der Trail unverändert vor. In vielerlei Hinsicht sah er genauso aus. Trotz der endlosen Berg- und Wüstenpanoramen, die ich gesehen hatte, war mir der Anblick des einen halben Meter breiten Wanderpfads noch am vertrautesten.

Meine Augen waren fast ununterbrochen darauf gerichtet, hielten Ausschau nach Wurzeln und Ästen, Schlangen und Steinen. Manchmal war der Pfad sandig, dann wieder felsig, schlammig oder steinig oder dicht mit Kiefernadeln bedeckt. Er konnte schwarz oder braun, grau oder beige sein, aber er war immer der PCT. Mein Zuhause.

Ich wanderte unter Kiefern, Eichen und Weihrauchzedern, dann, als der Trail sich bergauf schlängelte, durch einen Wald aus Douglasien.

Ich sah den ganzen Vormittag über keinen Menschen, aber ich spürte Gregs Nähe. Dieses Gefühl schwand mit jedem Kilometer, denn ich nahm an, dass sein Vorsprung ständig wuchs, wenn er sein übliches Höllentempo anschlug. Der Trail führte aus dem schattigen Wald auf einen baumlosen Kamm, der mir einen weiten Blick in den Canyon unter und auf die Felstürme über mir bot. Gegen Mittag befand ich mich in 2100 Metern Höhe. Der Pfad wurde schlammig, obwohl es seit Tagen nicht geregnet hatte, und wenig später stieß ich hinter einer Biegung auf ein Schneefeld. Jedenfalls hielt ich es für ein Schneefeld, denn ich ging davon aus, dass es ein Ende hatte. Ich blieb am Rand stehen und suchte nach Gregs Fußstapfen, entdeckte aber keine. Der Schnee lag nicht an einem Hang, sondern auf einer ebenen Fläche zwischen schütterem Wald, und das war gut so, denn ich hatte meinen Eispickel nicht mehr. Ich hatte ihn am Morgen in der Umsonstkiste für PCT-Wanderer an der Poststelle von Sierra City zurückgelassen, als ich mit Greg zur Stadt hinausmarschiert war. Mangels Geld hatte ich ihn nicht Lisa schicken können, was ich sehr bedauerte, wenn ich daran dachte, wie viel er gekostet hatte, aber ich hatte ihn auch nicht mitschleppen wollen, da ich annahm, dass ich keine Verwendung für ihn haben würde.

Ich rammte den Skistock in den Schnee, trat auf die verharschte Oberfläche und marschierte los, kam aber nur mühsam voran. An manchen Stellen rutschte ich weg, an anderen brach ich ein, manchmal bis fast zu den Knien. Bald stand knöchelhoch Schnee in meinen Stiefeln, und meine Unterschenkel brannten, als wäre mir mit einem stumpfen Messer das Fleisch abgekratzt worden.

Das bereitete mir allerdings weniger Sorge als der Umstand, dass ich den Trail nicht mehr sehen konnte, da er unter dem Schnee begraben war. Die Richtung schien trotzdem einigermaßen klar, und um mich zu vergewissern, behielt ich den Wanderführer in der Hand und las im Gehen darin. Nach einer Stunde blieb ich stehen. Ich bekam es mit der Angst. War ich noch auf dem PCT? Ich hatte die ganze Zeit nach den kleinen, rautenförmigen PCT-Schildern Ausschau gehalten, die gelegentlich an Bäumen befestigt waren, aber kein einziges entdeckt. Das war nicht unbedingt ein Grund zur Beunruhigung. Meiner Erfahrung nach war auf diese Schilder kein Verlass. Auf manchen Streckenabschnitten tauchte alle paar Kilometer eines auf, dann wieder konnte man tagelang wandern, ohne ein einziges zu entdecken.

Ich zog die topografische Karte der Gegend aus der Hosentasche. Dabei rutschte das Fünf-Cent-Stück mit heraus und fiel in den Schnee. Ich bückte mich, etwas wackelig mit dem schweren Rucksack, und wollte es aufheben, doch in dem Moment, als ich es mit den Fingern leicht berührte, sank es tiefer ein und verschwand.

Ich durchwühlte den Schnee, doch es blieb verschwunden. Jetzt hatte ich nur noch sechzig Cent.

Ich dachte an das Fünf-Cent-Stück, mit dem ich in Las Vegas an den Automaten gespielt und sechzig Dollar gewonnen hatte. Ich musste laut lachen, denn irgendwie hatte ich das Gefühl, dass diese beiden Geldstücke etwas verband. Ich weiß auch nicht, warum. Der verrückte Gedanke kam mir einfach so, während ich dort im Schnee stand. Vielleicht brachte mir der Verlust des Geldstücks ja auf die gleiche Weise Glück wie die schwarze Feder, die zwar Leere symbolisierte, in Wirklichkeit aber für etwas Positives stand. Vielleicht steckte ich momentan gar nicht in genau den Schwierigkeiten, die ich unbedingt hatte vermeiden wollen.

Vielleicht hatte der Schnee hinter der nächsten Biegung ja ein Ende?

Ich zitterte mittlerweile in meinen Shorts und meinem durchgeschwitzten T-Shirt, wagte aber nicht weiterzugehen, solange ich nicht genau wusste, wo ich war. Ich schlug den Führer auf und las, was die Autoren von The Pacific Crest Trail, Volume I: California über diesen Abschnitt des Wanderwegs zu sagen hatten. »Vom Trail aus

blickt man auf einen gleichmäßigen, von Sträuchern gesäumten Anstieg«, beschrieben sie die Stelle, an der ich zu stehen glaubte. »Schließlich flacht der Trail ab und mündet auf eine kleine, spärlich bewaldete Hochfläche ...« Ich drehte mich langsam im Kreis und blickte in die Runde. War das eine kleine, bewaldete Hochfläche? Es hatte ganz den Anschein, aber sicher war es nicht. Sicher war nur, dass alles mit Schnee bedeckt war.

Ich griff nach meinem Kompass, der neben der lautesten Pfeife der Welt mit einer Schnur am Rucksack befestigt war. Seit jenem Tag nach meiner anstrengenden ersten Woche auf dem Trail, an dem ich diese Straße entlangmarschiert war, hatte ich ihn nicht mehr benutzt. Ich legte ihn auf die Karte, ermittelte, so gut es ging, meinen Standort und setzte meinen Weg fort, wobei ich abwechselnd über den verharschten Schnee rutschte oder einbrach und mir dabei jedes Mal die Schienbeine und Waden noch etwas mehr aufscheuerte. Eine Stunde später erspähte ich an einem schneebedeckten Baum eine Metallraute, auf der PACFIC CREST TRAIL stand, und atmete erleichtert auf. Ich wusste zwar noch immer nicht genau, wo ich mich befand, aber wenigstens hatte ich jetzt die Gewissheit, dass ich auf dem PCT war.

Am späten Nachmittag gelangte ich auf einen Bergkamm, von dem ich in einen verschneiten Talkessel blicken konnte.

»Greg!«, rief ich, um festzustellen, ob er in der Nähe war. Ich hatte den ganzen Tag keine Spur von ihm entdeckt, rechnete aber ständig mit seinem Auftauchen, denn ich hoffte, er kam im Schnee so langsam voran, dass ich ihn irgendwann einholte und wir unseren Weg gemeinsam fortsetzen konnten. Ich hörte leise Rufe und entdeckte auf einem Bergrücken jenseits des Talkessels drei Skifahrer, nahe genug, um sie zu hören, aber unmöglich zu erreichen.

Sie winkten mir mit rudernden Armen zu, und ich winkte zurück. Sie waren so weit entfernt und so dick in Skikleidung eingemummt, dass ich nicht erkennen konnte, ob es Männer oder Frauen waren.

»Wo sind wir hier?«, rief ich über das Tal hinweg.

»Was?«, hörte ich sie nur schwach zurückrufen.

Ich wiederholte meine Frage immer wieder und wieder, bis ich heiser wurde. Ich glaubte ungefähr zu wissen, wo ich mich befand, aber ich hätte es mir gern von ihnen bestätigen lassen, nur um sicherzugehen.

Am Morgen blühten Eisblumen an den Zeltwänden, Kondenswasser meines Atems, das in der Nacht gefroren war. Ich blieb eine Weile still liegen, denn ich wollte noch nicht in den Schnee hinaus, und lauschte dem Gezwitscher der Vögel. Ihre Namen kannte ich nicht, aber ihr Gesang war mir mittlerweile vertraut.

Ich rief und rief, ohne zu ihnen durchzudringen, und so unternahm ich einen letzten Versuch, indem ich alle Kräfte mobilisierte und so laut brüllte, dass ich vor Anstrengung fast vom Berg fiel: »WO SIND WIR HIER?«

Es folgte eine Pause, die mir verriet, dass sie endlich verstanden hatten, und dann brüllten sie wie mit einer Stimme zurück: »KALIFORNIEN!«

An der Art, wie sie sich gegenseitig anstießen, merkte ich, dass sie lachten.

»Danke!«, rief ich sarkastisch, doch meine Stimme wurde vom Wind davongetragen.

Sie riefen etwas zurück, das ich nicht verstand. Sie wiederholten es noch ein paarmal, aber ich wurde einfach nicht daraus schlau, bis sie schließlich langsam ein Wort nach dem anderen riefen.

»HABEN«

»SIE«

»SICH«

»VERIRRT?«

Ich überlegte einen Moment. Wenn ich mit Ja antwortete, würden sie mich retten kommen, und ich wäre mit diesem gottverlassenen Trail fertig.

»NEIN!«, brüllte ich. Ich hatte mich nicht verirrt.

Ich hatte mich nur in die Scheiße geritten.

Ich blickte zu den Bäumen, durch die schräg das schwindende Tageslicht drang. Bald wurde es Abend, und ich musste mir einen Lagerplatz suchen. Ich würde im Schnee mein Zelt aufbauen, im Schnee aufwachen und im Schnee weiterwandern. Dabei hatte ich alles getan, um genau das zu vermeiden.

Ich ging weiter und fand schließlich einen Platz für mein Zelt, der leidlich gemütlich war, sofern man einen gefrorenen Schneehaufen unter einem Baum als gemütlich bezeichnen kann. Ich fröstelte, als ich, meinen gesamten Kleidervorrat einschließlich Regenzeug am Leib, in den Schlafsack kroch, war aber sonst okay. Die Trinkflaschen drückte ich an mich, damit ihr Inhalt nicht einfror.

Am Morgen blühten Eisblumen an den Zeltwänden, Kondenswasser meines Atems, das in der Nacht gefroren war. Ich blieb eine Weile still liegen, denn ich wollte noch nicht in den Schnee hinaus, und

lauschte dem Gezwitscher der Vögel. Ihre Namen kannte ich nicht, aber ihr Gesang war mir mittlerweile vertraut. Als ich mich aufsetzte und den Reißverschluss am Eingang aufzog, sah ich sie von Baum zu Baum flattern, elegante und schlichte Vögel, die mich überhaupt nicht beachteten.

Ich holte meinen Topf, löste Sojamilchpulver in Wasser auf und rührte Müslimischung dazu, dann setzte ich mich in den offenen Zelteingang und aß. Als ich fertig war, rieb ich mit einer Hand voll Schnee den Topf aus, stand auf und ließ den Blick über die Landschaft schweifen. Ringsum Felsen und Bäume, die aus eisigem Schnee ragten. Ob ich noch auf dem PCT war? Ich war besorgt und gleichzeitig voller Bewunderung für die Schönheit dieser weiten, unberührten Landschaft. Sollte ich weitergehen oder umkehren, fragte ich mich, aber tief im Inneren kannte ich die Antwort bereits.

Natürlich würde ich weitergehen. Etwas anderes kam gar nicht infrage. Ich hatte zu schwer gerackert, um so weit zu kommen. Umkehren wäre sinnvoll gewesen. Ich hätte auf demselben Weg nach Sierra City zurückkehren und noch ein Stück weiter nach Norden trampen können, wo kein Schnee lag und wo ich außer Gefahr war. Das wäre vernünftig gewesen. Wahrscheinlich hätte ich das tun sollen. Aber alles in mir sträubte sich dagegen.

Ich wanderte den ganzen Tag, schleppte mich mühsam dahin. rutschte immer wieder aus, fiel hin und stützte mich so fest auf den Skistock, dass ich Blasen an der Hand bekam. Ich nahm ihn in die andere Hand und bekam auch an der Blasen. Hinter jeder Biegung, hinter jedem Bergkamm, hinter jeder Wiese hoffte ich auf ein Ende des Schnees. Doch er nahm kein Ende, und nur an vereinzelten Stellen lugte ein brauner Fleck aus dem Weiß hervor. Ist das der PCT?, fragte ich mich immer, wenn ich richtige Erde sah. Ich konnte mir nie sicher sein. Nur die Zeit würde es zeigen.

Ich schwitzte unter dem Rucksack. Mein Rücken war ständig von oben bis unten nass, ganz gleich, wie kalt es war oder was ich anhatte. Wenn ich stehen blieb, begann ich schon nach wenigen Minuten zu zittern, da meine feuchten Kleider eiskalt wurden. Meine Muskeln hatten sich mittlerweile an die Anforderungen des Fernwanderns gewöhnt, aber nun wurde ihnen mehr abverlangt, als mich nur auf den Beinen zu halten. Wenn ich einen Hang querte, musste ich vor

jedem Schritt eine Stufe hacken, damit ich festen Stand fand und nicht in die Tiefe rutschte und unten in Felsen, Büsche oder Bäume krachte oder, schlimmer noch, in einen Abgrund stürzte. Meter für Meter musste ich in die vereiste Schneekruste Löcher stampfen, die mir sicheren Halt gaben. Greg hatte mir in Kennedy Meadows beigebracht, wie man so etwas mit einem Eispickel machte. Jetzt dachte ich voller Wehmut an meinen Pickel und stellte mir vor, wie er nutzlos in der Umsonstkiste in Sierra City stand. Vom ständigen Treten und Stampfen bekam ich Blasen an den Füßen, nicht nur an den Stellen, wo ich mir schon in den ersten Tagen der Wanderung welche gelaufen hatte. Und wieder scheuerte ich mir an den Gurten des Monsters Hüften und Schultern wund.

Ich kam nur quälend langsam voran, wie auf einem Büßergang. An den meisten Tagen hatte ich bisher etwa drei Kilometer in der Stunde geschafft, aber im Schnee war alles anders: mühsamer, gefährlicher.

Bis Belden Town hatte ich sechs Tage veranschlagt, doch als ich meinen Proviantbeutel entsprechend bestückte, hatte ich nicht ahnen können, was mich erwartete. Unter diesen Bedingungen würden mir sechs Tage nie und nimmer reichen, und nicht nur, weil das Wandern im Schnee eine körperliche Strapaze war.

Bei jedem Schritt musste ich auch darauf achten, dass ich wenigstens ungefähr der Route des PCT folgte. Mit Karte und Kompass in der Hand versuchte ich, mir die Lektionen aus meinem Kompass-Handbuch Staying Found, das ich längst verbrannt hatte, ins Gedächtnis zu rufen. Viele Methoden wie Triangulation oder Kreuzpeilung hatten mich schon verwirrt, als ich das Buch noch besaß und darin nachschlagen konnte. Ohne Buch war es mir unmöglich, sie einigermaßen sicher anzuwenden. Ich hatte nie einen Sinn für Mathematik gehabt. Ich konnte Formeln und Zahlen einfach nicht im Kopf behalten. Mit dieser Art von Logik konnte ich nie viel anfangen. Für mich war die Welt keine Kurve, keine Formel, keine Gleichung. Sie war eine Geschichte. Deshalb hatte ich mich in erster Linie an die Beschreibungen im Wanderführer gehalten, sie immer wieder gelesen, mit den Karten abgeglichen und versucht, Sinn und Zweck jedes Wortes oder Satzes zu erraten. Als hätte ich eine Prüfungsfrage zu lösen: Wenn Cheryl auf einem Bergkamm eine Stunde lang in einem Tempo von 2,5

Kilometern pro Stunde nach Norden wandert, dann nach Westen zu einem Sattel, von dem sie im Osten zwei lang gestreckte Seen sehen kann, steht sie dann auf der Südflanke von Gipfel 7503?

Ich stellte Vermutungen an, nahm Messungen vor, las, legte Pausen ein, rechnete und zählte, bevor ich von dem, was mir richtig erschien, wirklich überzeugt war. Zum Glück lieferte dieser Abschnitt des Trails viele Orientierungshilfen in Form von Gipfeln, Felsen, Seen und Teichen, die vom Pfad aus zu sehen waren. Ich hatte immer noch das gleiche Gefühl wie zu Anfang, als ich die Sierra Nevada von Süden her zu durchwandern begann – das Gefühl, von oben auf die Welt hinabzublicken. Ich wanderte von Kamm zu Kamm, atmete erleichtert auf, wenn ich dort, wo die Sonne den Schnee weggeschmolzen hatte, nackte Erde sah, zitterte vor Freude, wenn von mir identifizierte Gewässer oder Felsformationen mit dem übereinstimmten, was in der Karte verzeichnet oder im Wanderführer beschrieben war. In solchen Augenblicken fühlte ich mich stark und ruhig, doch schon wenig später blieb ich wieder stehen, überprüfte noch einmal meine Position und gelangte zu der Überzeugung, dass mein Entschluss, weiterzugehen, eine Riesendummheit gewesen war. Manche Bäume am Wegrand kamen mir so verdächtig bekannt vor, dass ich das Gefühl hatte, ich wäre vor einer Stunde schon einmal an ihnen vorbeigekommen. Oder ich blickte auf eine lang gestreckte Bergkette, die mich stark an die lang gestreckte Bergkette erinnerte, die ich davor gesehen hatte. In der Hoffnung, die beruhigende Spur eines Menschen zu entdecken, suchte ich den Schnee nach Fußstapfen ab, aber ich entdeckte keine. Ich fand nur Tierfährten – zickzackförmige Spuren von Kaninchen oder dreieckige Stapfen, die ich Stachelschweinen oder Waschbären zuschrieb. Manchmal war die Luft erfüllt vom Rauschen der Bäume im Wind, dann wieder herrschte die tiefe Stille einer endlosen Schneelandschaft. Alles außer mir war sich seiner selbst offenbar vollkommen gewiss.

Der Himmel fragte sich nicht, wo er war.

»HALLO!«, brüllte ich in regelmäßigen Abständen, obwohl ich wusste, dass niemand antworten würde, aber ich musste einfach eine Stimme hören, und wenn es nur meine eigene war. Meine Stimme würde mich beschützen, so glaubte ich, mich davor bewahren, dass ich in dieser verschneiten Wildnis für immer verloren ging.

Trotz aller Zweifel, die ich hatte – an einem zweifelte ich nicht: Die Wildnis hatte eine Klarheit, die auch mich einschloss.

Beim Wandern drängten sich wieder Liedfetzen in das Hitradio in meinem Kopf, gelegentlich unterbrochen von Pauls Stimme, die mir sagte, wie dumm es von mir gewesen sei, allein durch den Schnee zu wandern. Er würde alles tun, was getan werden musste, falls ich tatsächlich nicht zurückkehren sollte. Trotz unserer Scheidung war er immer noch mein nächster Verwandter oder zumindest der Einzige, der einer solchen Aufgabe gewachsen gewesen wäre.

Ich dachte daran, wie er mich im vergangenen Herbst aus den Fängen des Heroins befreit und anschließend auf der Fahrt von Portland nach Minneapolis zusammengestaucht hatte. »Du hättest sterben können, ist dir das klar?«, hatte er voller Abscheu gesagt, als wünschte er sich halb, ich hätte es getan, nur um zu beweisen, dass er recht hatte. »Jedes Mal, wenn du Heroin nimmst, ist das wie russisch Roulette. Du hältst dir einen Revolver an den Kopf und betätigst den Abzug. Du weißt nie, ob eine Patrone in der Kammer ist.«

Ich hatte nichts zu meiner Verteidigung vorzubringen. Er hatte recht, auch wenn es mir damals nicht so vorkam.

Aber auf einem Weg zu wandern, den ich mir selbst bahnte – und von dem ich hoffte, dass es der PCT war –, war das Gegenteil von Heroinnehmen. Der Abzug, den ich betätigt hatte, als ich mich in den Schnee wagte, brachte mich mehr zur Besinnung als alles andere zuvor. Trotz aller Unsicherheit marschierte ich weiter, und ich hatte dabei ein gutes Gefühl, als hätte allein schon die Tatsache, dass ich es tat, etwas zu bedeuten. Dass ich hier mitten durch die unberührte Wildnis wanderte, bedeutete vielleicht, dass auch ich meine Unschuld wiedererlangen konnte, unabhängig davon, was ich verloren hatte oder was mir genommen worden war, ungeachtet der bedauernswerten Dinge, die ich anderen oder mir selbst angetan hatte, oder der bedauernswerten Dinge, die mir angetan worden waren. Trotz aller Zweifel, die ich hatte – an einem zweifelte ich nicht: Die Wildnis hatte eine Klarheit, die auch mich einschloss.

Traurig und dennoch beschwingt wanderte ich durch die kühle Luft. Der Schnee glitzerte im Sonnenlicht, das durch die Bäume drang, und blendete mich, obwohl ich meine Sonnenbrille aufhatte.

So allgegenwärtig der Schnee auch war, ich spürte, dass er schwand, dass er mit jeder Minute weiter schmolz. In seinem Sterben schien er mir so lebendig wie ein summender Bienenstock. Manch-

mal vernahm ich ein Gluckern, als fließe unter dem Schnee ein Bach, den ich nicht sehen konnte. Bei anderen Gelegenheiten fiel der Schnee in großen nassen Haufen aus den Bäumen.

Am dritten Tag nachdem ich in Sierra City losmarschiert war, hockte ich am offenen Eingang meines Zeltes und verarztete die Blasen an meinen Füßen, als mir plötzlich einfiel, dass tags zuvor der vierte Juli gewesen war. Ich konnte mir lebhaft vorstellen, was meine Freunde und viele andere Menschen in den Vereinigten Staaten getan hatten, und das entfernte mich von allem noch mehr. Sie hatten Partys gefeiert und an Festparaden teilgenommen, hatten sich Sonnenbrände geholt und Feuerwerkskörper abgebrannt, während ich hier war, allein in der Kälte. Plötzlich konnte ich mich von weit oben sehen, ein Fleck in einer grünen und weißen Masse, nicht bedeutender oder unbedeutender als einer der namenlosen Vögel in den Bäumen. Hier konnte der vierte Juli oder der zehnte Dezember sein. Diese Berge zählten die Tage nicht.

Am nächsten Morgen stapfte ich stundenlang durch Schnee, bis ich auf eine Lichtung kam, auf der ein großer, umgestürzter Baum lag, ohne Äste und ohne Schnee darauf. Ich nahm den Rucksack ab und kletterte auf den Stamm, dessen Rinde ich rau unter mir spürte.

Ich zog ein paar Streifen Trockenfleisch aus dem Rucksack, setzte mich hin, aß und trank dazu Wasser. Nach einer Weile sah ich zu meiner Rechten etwas Rotes auftauchen. Geräuschlos trat ein Fuchs auf die Lichtung. Er blickte geradeaus, ohne mich anzusehen, ja, er schien mich nicht einmal bemerkt zu haben, obwohl ich das für ausgeschlossen hielt. Als er vielleicht noch drei, vier Meter von mir entfernt war, blieb er stehen, drehte den Kopf, blickte gelassen in meine Richtung und schnupperte, ohne mir direkt in die Augen zu schauen. Er sah halb wie eine Katze, halb wie ein Hund aus, das Gesicht scharf geschnitten und gedrungen, der Körper angespannt.

Mein Herz raste, aber ich rührte mich nicht und unterdrückte den Drang, aufzuspringen und hinter dem Baum in Deckung zu gehen. Ich wusste nicht, was der Fuchs als Nächstes tun würde. Ich glaubte nicht, dass er mich angreifen wollte, und dennoch hatte ich Angst.

Er reichte mir kaum bis zu den Knien, aber er war zweifellos stark und mir offenkundig überlegen. Er konnte jeden Moment

über mich herfallen. Dies war seine Welt. Er war sich seiner so sicher wie der Himmel.

»Fuchs«, flüsterte ich so sanft wie möglich, als könnte ich mich dadurch, dass ich ihm einen Namen gab, vor ihm schützen und ihn gleichzeitig näher locken. Er hob den zierlichen roten Kopf, rührte sich aber nicht von der Stelle und musterte mich ein paar Sekunden lang, dann drehte er sich seelenruhig um, trottete weiter quer über die Lichtung und verschwand unter den Bäumen.

»Komm zurück«, rief ich leichtfertig, und dann schrie ich plötzlich:

»MOM! MOM! MOM!« Ich wusste vorher nicht, welches Wort mir über die Lippen kommen würde, bis es kam. Und dann, ebenso plötzlich, verstummte ich wieder, erschöpft.

Am nächsten Morgen stieß ich auf eine Straße. In den vorangegangenen Tagen hatte ich mehrmals schmale, holprige Jeep-Pisten gekreuzt, aber keine war so breit und so eindeutig eine Straße gewesen.

Bei dem Anblick fiel ich fast auf die Knie. Die Schönheit der verschneiten Berge war unbestreitbar, aber die Straße, das war meine Welt. Wenn es die war, die ich vermutete, dann war die bloße Tatsache, dass ich sie erreicht hatte, ein Sieg. Denn es bedeutete, dass ich dem PCT gefolgt war. Und dass in beiden Richtungen eine Stadt lag. Ich konnte nach rechts oder links abbiegen, und die Straße würde mich in eine Gegend bringen, in der das Wetter Anfang Juli so war, wie ich es mir vorstellte. Ich nahm den Rucksack ab, setzte mich auf einen Schneehaufen und überlegte, was ich tun sollte. Wenn ich dort war, wo ich vermutete, dann hatte ich in den vier Tagen, seit ich in Sierra City losmarschiert war, neunundsechzig PCT-Kilometer hinter mich gebracht, obwohl die tatsächlich zurückgelegte Strecke wahrscheinlich größer war in Anbetracht meiner Unsicherheiten im Umgang mit Karte und Kompass.

Bis Belden Town waren es weitere siebenundachtzig Kilometer, die überwiegend durch Schnee führten. Jeder Gedanke daran war Zeitverschwendung. Ich hatte nur noch Proviant für ein paar Tage im Rucksack. Wäre ich weitermarschiert, wäre er mir ausgegangen. Ich folgte der Straße in Richtung einer Stadt namens Quincy.

Die Straße war wie die Wildnis, die ich in den letzten Tagen durchwandert hatte, still und mit Schnee bedeckt, nur musste ich jetzt nicht alle paar Minuten stehen bleiben und überlegen, welche

Richtung ich einzuschlagen hatte. Ich folgte ihr talwärts, bis der Schnee in Matsch überging. Mein Wanderführer gab keine genaue Auskunft, wie weit es bis Quincy war. Er sprach nur von einem »langen Tagesmarsch«. In der Hoffnung, bis zum Abend dort zu sein, legte ich einen Zahn zu. Was ich freilich mit nur sechzig Cent in der Tasche dort anfangen sollte, stand auf einem anderen Blatt.

Gegen elf bog ich um eine Kurve und erblickte einen grünen Geländewagen, der am Straßenrand geparkt war.

»Hallo!«, rief ich, allerdings verhaltener als noch zu den Zeiten, als ich dasselbe Wort in die weiße Einöde gebrüllt hatte. Niemand antwortete. Ich näherte mich dem Wagen und spähte hinein. Ein Sweatshirt mit Kapuze lag auf dem Vordersitz, und auf dem Armaturenbrett stand ein Kaffeebecher aus Pappe zwischen anderen aufregenden Gegenständen, die mich an mein früheres Leben erinnerten. Ich ging weiter. Nach einer halben Stunde hörte ich von hinten ein Auto nahen und drehte mich um.

Es war der grüne Geländewagen. Augenblicke später hielt er neben mir. Ein Mann saß am Steuer und eine Frau auf dem Beifahrersitz.

»Wir fahren zur Packer Lake Lodge, falls Sie mitwollen«, sagte die Frau, nachdem sie die Scheibe heruntergekurbelt hatte. Ich bedankte mich und stieg hinten ein, war aber tief enttäuscht. Tage zuvor hatte ich in meinem Wanderführer etwas über die Packer Lake Lodge gelesen. Von Sierra City aus hätte ich sie auf einem Nebenpfad an nur einem Tag erreichen können, hatte aber davon abgesehen, nachdem ich beschlossen hatte, auf dem PCT zu bleiben.

Während der Fahrt spürte ich förmlich, wie mein Geländegewinn in Richtung Norden wieder zerrann – die vielen Kilometer, die ich unter größter Anstrengung gutgemacht hatte, waren in weniger als einer Stunde wieder dahin –, und trotzdem fühlte ich mich in dem Wagen wie im Himmel. Ich wischte mir ein Guckloch in die beschlagene Scheibe und beobachtete, wie draußen die Bäume vorbeizogen. Wir krochen mit höchstens dreißig Stundenkilometern durch die vielen Kurven, und trotzdem hatte ich das Gefühl, dass wir unfassbar schnell fuhren, was die Landschaft zu etwas Abstraktem machte, das mich nicht mehr einschloss, sondern abseits von mir stand.

Cheryl Strayed

Radelnde Massai in Kenia

»Eeehhh mister No-Speak. You have to talk to people. You are in Africa now. Eeehh ... Yooouuu!«
(Kenianer)

»Give me your bicycle, musungu.«
(Malawier)

ES FIEL MIR UNHEIMLICH SCHWER, einen Tag, nachdem ich wieder allein war, aufzupacken und Nairobi zu verlassen. Ich fühlte mich so einsam wie nie zuvor. Alleine war ich ja während der letzten Jahre meistens gewesen, das hatte mich nur sehr selten seelisch belastet, doch jetzt machte sich eine innere Einsamkeit in mir breit. Ich war in diesen Tagen ein radelndes Häufchen Elend. Ich vermisste den gedanklichen Austausch mit meinem Freund, und am Tagesziel wartete ich vergeblich auf das brasilianische T-Shirt am Straßenrand, das Cynthia meistens trug. Niemand schrie mehr: »Carrrrrrr«!

Der tägliche Regen verstärkte meine deprimierte Stimmung noch, und an den Steigungen entlang des Mount-Kenia-Gebiets klebte ich wie festgewachsen. Dazu gesellte sich eine innere Unruhe im Ausblick auf den Weg durch Nordkenia. Bis vor einem Jahr fuhr man bis an die Grenze zu Äthiopien nur im Konvoi. Es war ein gesetzloses Gebiet, von somalischen Rebellen heimgesucht, die unangekündigt über die nicht zu kontrollierende Grenze kamen und Angst und Schrecken verbreiteten.

Wie immer auf vermeintlich gefährlichen Abschnitten holte ich vorher Erkundigungen ein, um mir ein möglichst objektives Bild zu verschaffen. Ich befragte die Polizei, zahlreiche Einheimische und Lastwagenfahrer, die zwischen Nairobi und Addis Abeba pendelten. In dem Ort Isiolo legte ich einen Ruhetag ein, wägte das Gehörte ab und entschied mich, weiterzufahren. Radfahrer haben auf ihren »leisen Sohlen« seit jeher gute Chancen, auch durch Krisengebiete wohlbehalten durchzukommen. Glücklicherweise war das auch hier der Fall. Es blieb ruhig.

Ich begegnete einigen Samburu, die nur im Norden dieses Landes leben und die, wie ihre nahen Verwandten, die Massai, ein Krieger- und Hirtenvolk sind. Ich dachte an die Massai zurück, die ich in Südkenia an der Straße getroffen hatte. Die Massai sprechen Maa, viele sprechen und verstehen aber auch Kiswahili. Bei einer Essenspause aus hart gekochten Eiern und noch viel härterem Brot stimmte ich einen kenianischen Song an, der überall gespielt wurde und der mir nicht mehr aus dem Kopf ging. Ich sang: »Jambo, Jambo Bwana, Habari gani, Nzuri sana …« (Hallo, hallo, mein Herr, wie geht es Ihnen? Sehr gut!) Der singende »musungu« belustigte die stolzen Krieger so sehr, dass sie mich über Nacht in ihr nahegelegenes Dorf einluden. Ihr Anführer sprach einigermaßen Englisch und übersetzte für die anderen.

Das Dorf war von einem Holzzaun umgeben, die zahlreichen Hütten waren mit Kuhdung verputzt, ich konnte darin kaum aufrecht stehen. Ich wurde freundlich, aber nicht überschwänglich begrüßt, was angenehm war. Wir setzten uns in eine Hütte, und mir wurde ein Schale voller Blut gereicht. Es war »saroi«, Rinderblut, das pur getrunken oder mit Milch vermischt wird. Es stank übel, denn es wird auch gern etwas Urin beigegeben. Ich lehnte freundlich ab

und begründete dies mit meiner Religion, die es mir verbiete, Blut zu trinken. »Okay«, sagte der Englischsprecher.

Wir verließen die Hütte, und nun erfuhr ich den Grund für meine Einladung. Jeder wollte einmal auf meinem Stahlross reiten. Ein Rad, das 88 000 Kilometer hinter sich hatte, dessen Packtaschen vergilbt und teilweise zerrissen waren, faszinierte sie. Ich erklärte die Schaltung, bat aber darum, den Gang nicht zu wechseln, und erklärte vor allem die Bremsen. Aus dem Stand konnte niemand das schwer bepackte Rad zum Laufen bringen. Sie eierten los, bis sich schon kurz darauf das Vorderrad im Sand quer stellte. Schallendes Gelächter. Der Nächste versuchte sich, und auch dieser stolze Krieger landete im Sand. Wiederum schallendes Gelächter. Ich machte es noch einmal vor und nahm sogar die Hände vom Lenker, als ich genug Fahrt hatte und auf festem Lehm fuhr. Sie lachten voller Anerkennung und riefen: »musungu, nzuri sana« (weißer Mann, sehr gut). Einige machten einen Luftsprung aus dem Stand, so hoch sie konnten, um ihre Stärke zu demonstrieren. Dann saß der Nächste auf. Ich schob ihn an, bis er genügend Fahrt hatte, und er fuhr alleine weiter. Indianerähnliches Gejohle brandete auf. Einer nach dem anderen fuhr nun mit meiner Anschiebhilfe. Ich erzählte von meiner Tour durch Afrika und der englisch sprechende Massai übersetzte für alle. Dass ich um die ganze Welt gefahren bin, verschwieg ich, denn ich wusste, es würde die Vorstellungskraft eines jeden um ein Vielfaches übersteigen.

»Du bist auch ein Krieger, musungu«, meinte einer, »wir kämpfen gegen Löwen und du kämpfst dich durch Afrika«. Ich hatte ihren Respekt. Sie ließen sich alles am Rad genauestens erklären. Am meisten begeisterten die Schaltung und der Bordcomputer, der die Geschwindigkeit anzeigte, aber auch die hart gepumpten Reifen und der weiche Gelsattel wurden wiederholt von Hand geprüft. Die Frauen berührten immer wieder meine mit dem Stoff der Indios geflickten Packtaschen.

Viele Stunden verbrachte ich in dem Dorf. Die Männer zeigten mir, wie man Feuer macht, und berichteten von ihren Frauen und Rindern. Bis zu 50 Rinder hat ein gut situierter Krieger manchmal, deshalb bekommt er auch viele Frauen. Löwen werden nur noch von Stämmen in abgelegenen Regionen getötet. Jeder Massai kann

»Du bist auch ein Krieger, musungu«, meinte einer, »wir kämpfen gegen Löwen und du kämpfst dich durch Afrika.«

wie ein Moslem mehrere Frauen haben, die alle in verschiedenen Hütten schlafen und ihm je nach Lust und Laune abwechselnd zur Verfügung stehen.

Super, diese Massairegeln, dachte ich kurz vor dem Einschlafen in meinem Zelt, das ich in der Nähe von Marsabit im Norden Kenias aufgestellt hatte, und malte mir ein Leben mit meinen Frauen in Hamburg aus, die ich alle abwechselnd besuchen würde. Ich war gerade fest auf meiner Isomatte eingeschlafen, als die Erde so stark erschüttert wurde, dass ich erwachte. Der volle Mond warf einen gewaltigen Schatten an die Zeltwand. Ich erkannte Beine, die mir so groß wie Bäume erschienen. Nur wenige Zentimeter von meinem Kopf entfernt stand ein mächtiger Elefantenbulle. Sofort schaltete mein Herz auf Alarm und pumpte Blut durch die Venen. Flucht war mein erster Gedanke, bloß weg hier. Ich wollte etwas tun und nicht live dabei sein, wenn der Elefant seine Beine möglicherweise an meinem Kopfende platzieren würde.

Flucht ist aber der größte Fehler, den man im Falle eines Zusammentreffens mit Großwild begehen kann. Das hatte mir ein Park Ranger in Namibia eingebläut und das hatte ich bereits erfahren, als ich mehrere Hyänen als nächtliche Besucher begrüßen durfte. Sie verspeisten mich nicht, weil ich stillhielt. Also tat ich jetzt dasselbe. Zitternd zwang ich mich, keine einzige Bewegung zu machen. Laut knackte ein Ast, ich vernahm mahlende Geräusche. Der Elefant hatte sich ausgerechnet den Baum direkt neben meinem Zelt als Mitternachtssnack ausgesucht. Es schmeckte ihm offensichtlich, denn wieder knackte ein Ast. Ein Elefant ist ohnehin schon ein ziemlich riesiges Tier, wenn man ihn stehend aus nächster Nähe beobachtet. Aus der Froschperspektive allerdings ist er gigantisch wie ein Dinosaurier.

Dann geschah etwas für mich Unglaubliches: Das mächtige Tier hatte Appetit bekommen und wollte nun an der anderen Seite des Baumes naschen, nur mein Zelt stand im Weg. Eine einzige Bewegung mit dem Rüssel hätte diesen Fetzen Stoff samt Inhalt wegwischen können. Doch was machte der graue Riese? Er legte den Rückwärtsgang ein, bewegte seinen gigantischen Körper an meinem Kopfende vorbei und positionierte sich auf der anderen Seite meines Schädels. Es knackte abermals, ein Ast brach, gewaltige Ohren fächerten hin und her. Wieder mahlende Geräusche. Minuten wurden

zu gefühlten Stunden. Endlich verabschiedete er sich und die Erde geriet wieder in Erschütterung. Geschafft!

Für mich war es der Beweis, dass ein Zelt ein erstaunlich sicherer Aufenthaltsort im Busch ist. Der Dickhäuter hatte mich bestimmt gerochen, doch das für ihn unbekannte Gebilde respektierte er und umging es wie ein Hindernis. Mein Respekt für das Rüsseltier ist seit diesem nächtlichen Besuch noch gewachsen.

Nach 550 Kilometern auf steiniger, unwegsamer Schotterpiste kam ich verstaubt und von Kamelfliegen zerfressen an der äthiopischen Grenze an und hatte endlich wieder Asphalt unter den Rädern. Ich dachte in diesen Tagen an den Mann, der als Erster mit einem Fahrrad um die Welt gefahren ist, den Engländer Thomas Stevens. Er radelte von April 1884 bis Dezember 1886 auf einem Hochrad von der Westküste der USA über Europa bis nach Japan. Ein echter Pionier. Er hatte vorwiegend solche Strecken befahren müssen wie ich auf diesen letzten 550 Kilometern, er lebte in größerer Gefahr, von einem wilden Tier angefallen zu werden, und reiste mit einer Minimalausrüstung. Ich hingegen fuhr eine wesentlich längere Strecke auf fünf Kontinenten, meine Ausrüstung lockte Banditen an und auf den besseren Straßen rasten Fahrzeuge gefährlich eng an mir vorbei.

Möglicherweise wird ein potenzieller Weltumrunder in 40 oder 50 Jahren die Problematik meiner Reise um die Jahrtausendwende belächeln, möglicherweise aber auch nicht. Faszinierend wird eine Radweltreise immer sein. Die Schwierigkeiten verändern sich im Laufe der Jahrzehnte. Ein Fahrzeug mit zwei Rädern nur mit Muskelkraft um den Globus zu bewegen, wird aber bestimmt ein Abenteuer bleiben.

Carsten Janz

Allein zwischen Himmel und Meer

PROLOG

Als ich in die Bucht von Biskaya einbiege, habe ich noch etwa dreißig Stunden vor mir. Es ist ein kalter, diesiger Januartag. Schlechte Sicht, kurze, unangenehme Welle. Die Wolkendecke hängt tief über dem Wasser. Auf einmal nehme ich das Brummen eines Flugzeugs wahr. Dem Rotorgeräusch nach ist es ein kleiner Flieger, der in den Wolken über mir kreist, Es knackt im Funkgerät, dann höre ich eine vertraute Stimme: von Armel Le Cléac'h, Spitzname »der Schakal«. Der Franzose hat die letzte Vendée Globe gewonnen.

»Salut, Amel! Was für eine Überraschung! «

»Salut, Boris. Ich wollte mal hören, wie es dir kurz vor dem Ziel so geht.«

»Ziemlich gut. Könnte mehr Wind gebrauchen. Aber der kommt erst heute Nacht.«

»Gratulation zu deinem Rennen. Du liegst super!«

Wir plaudern eine Weile, dann dreht der Flieger ab. Der »Schakal« will noch bei den anderen in der Spitzengruppe vorbeischauen. Wir liegen so eng beieinander, wie es das noch nie gab bei einem Finale der Vendée Globe. Nach fast achtzig Tagen um die Welt könnten fünf Schiffe innerhalb weniger Stunden das Ziel erreichen. Nun zählt jede Minute. Die ganze Nacht hindurch checke ich Segel und Windrichtung, berechne ständig den Kurs neu. Es ist, als startete in der Biskaya eine neue Regatta.

Dabei ist das hier nur der Endspurt im härtesten Segelrennen der Welt. Flauten und eisige Stürme liegen hinter mir, der Seegang im

Polarmeer zermürbte mich, einmal musste ich an die Spitze meines dreißig Meter hohen Masts klettern, ich kämpfte mit gerissenen Segeln, dem Höllenlärm an Bord – und immer wieder mit der Einsamkeit. Die Vendée Globe ist erbarmungslos. Achtzig Tage und Nächte lang gönnt sie dir keine Atempause, testet ständig dein Durchhaltevermögen. Bis zum Schluss! Nur wenige Stunden vom Ziel entfernt steht plötzlich infrage, ob ich es überhaupt noch erreichen werde: Mitten in der Biskaya taucht auf einmal ein Fischerboot direkt vor mir auf. Zerschellt hier mein Lebenstraum?

Als ich 14 Stunden später doch die Ziellinie überquere, bei Regen und stürmischer See, umgeben von Begleitbooten, in denen meine Freunde die Arme hochreißen, da überwältigt mich ein unbändiges Glücksgefühl: Ich habe es geschafft! Ich habe es tatsächlich geschafft!

Zwei Jahrzehnte lang hat mich der Mythos der Vendée Globe vorangetrieben. Nun weiß ich: Wenn du an deinen Lebenstraum glaubst und ihn einfach immer weiterverfolgst, dann kann er Wirklichkeit werden!

Schon als Schüler haben mich Bücher über die Helden der Vendée Globe gepackt, als 27-Jähriger segelte ich 2008 das erste Mal um die Welt. Hochseesegeln wurde mein Beruf, ich ließ mich als Navigator und Taktiker anheuern – und hielt zugleich an meinem Traum fest. Das größte Problem war die Finanzierung. Das Schiff; das Team, die Jahre der Vorbereitung auf die Vendée Globe, all das würde viel Geld kosten. Mit Freunden und Mitstreitern versuchte ich jahrelang, Unternehmen davon zu überzeugen, unsere Kampagne zu unterstützen. Doch erst 2016 war es so weit. Mein Freund Pierre Casiraghi aus Monaco, mit dem ich mehrere Atlantikrennen gesegelt habe,

bewegte den Yacht Club de Monaco zu einer Anschlussfinanzierung. Er selbst brachte seinen guten Namen und seine Kontakte in das Projekt ein – und vor allem seinen unerschütterlichen Kampfgeist, den ich immer dann gut gebrauchen konnte, wenn die schiere Größe unseres Vorhabens mich zweifeln ließ.

Es folgten die vier verrücktesten, intensivsten Jahre meines Lebens. Wir charterten eine gebrauchte Vendée-Yacht, rüsteten sie auf, trainierten wie besessen, überquerten ein Dutzend Mal den Atlantik und bauten ein kleines, enthusiastisches Team aus Freunden und Profiseglern auf. Die ganze Zeit über kämpften wir um das Geld für die Kampagne. Es war schon absurd: Da lag diese millionenteure Rennyacht mit dem eleganten Schriftzug »Yacht Club de Monaco« an der Bordwand – und niemand ahnte, wie knapp bei Kasse wir waren. Manchmal ankerten wir in Buchten, um das Hafengeld zu sparen, und weil wir kein eigenes Schlauchboot hatten, paddelten wir mit Stand-up-Boards an Land. Wir löffelten Essen aus Dosen, hatten kein Büro, und wenn wir wochenlang in der Bretagne trainierten, dem Zentrum der Vendée-Seglerszene, dann schlief ich in meinem Bulli.

Es war eine großartige Zeit. Aber es war auch wahnsinnig aufreibend. Ich habe mir ständig Sorgen gemacht, ob wir das schaffen, und ich schätze, achtzig Prozent meiner Bedenken hatten mit der ungesicherten Finanzierung zu tun. Einmal hatten wir Ärger mit einem neuen Sponsor, da habe ich nächtelang vor lauter Stress so sehr mit den Zähnen geknirscht, dass mir irgendwann ein Stück Zahn rausbrach.

Pierre, mein Antreiber, sah das Ganze mit unternehmerischem Sportsgeist. »Junge, du stehst einfach früher auf und ziehst das Ding durch.« Wir waren schon ein schräges Paar: Er, der Fürstensohn, ich, der Lehrersohn. Er, der Generalist, ich, der Detailversessene. Jeder von uns hat andere Stärken, wir ergänzen uns gut. Vor allem aber waren wir beide besessen von dergleichen Idee.

Auf indirekte Weise half uns ein Erlebnis, das ich einige Jahre zuvor in der Arktis hatte. Auf einer Segeltour durch die Nordostpassage sah ich, wie stark das Packeis schon zurückgegangen war. Die Ozeane sind mein Arbeitsplatz, und dass sich dort etwas verändert, hatte ich schon früher gemerkt. Aber nirgendwo auf den Weltmeeren zeigen sich die Folgen des Klimawandels so drastisch wie in der Arktischen See. So etwas mit eigenen Augen zu sehen, das prägt.

Es war schon absurd: Da lag diese millionenteure Rennyacht mit dem eleganten Schriftzug »Yacht Club de Monaco« an der Bordwand – und niemand ahnte, wie knapp bei Kasse wir waren. Manchmal ankerten wir in Buchten, um das Hafengeld zu sparen, und weil wir kein eigenes Schlauchboot hatten, paddelten wir mit Stand-up-Boards an Land.

2017 gründeten meine Frau Birte und ich ein Bildungsprojekt, das von ihren Kenntnissen als Lehrerin und meinen Erfahrungen als Segler profitiert, die »Malizia Ocean Challenge«, ein Lehrprogramm für Schulen. Die Grundidee ist es, Kinder für das Abenteuer eines Segelrennens um die Welt zu begeistern – und sie auf diese Weise vertraut zu machen mit der Bedeutung der Meere. 2018 erhielten wir dafür den Ocean Tribute Award; mit Unterstützung der UNESCO wird das Lehrprogramm inzwischen von Schulen in zwölf Ländern eingesetzt. Ebenfalls 2018 installierten wir auf unserem Schiff ein Bordlabor zur Messung von C02-Daten im Meer. Segeln und Klimaschutz verwoben sich auf diese Weise in unserer Kampagne. Das Ganze gipfelte 2019 in der gemeinsamen Atlantiküberquerung mit Greta Thunberg zur UN-Klimakonferenz nach New York.

»A Race We Must Win« steht als zentrale Botschaft in den Segeln der Seaexplorer, daneben das Logo der UN-Nachhaltigkeitsziele. Das einzige Rennen, das wir wirklich gewinnen müssen, ist der Wettlauf gegen den Klimawandel; wir können uns nicht leisten, ihn zu verlieren. Aus meiner Kindheit kenne ich den Spruch: Geht nicht gibt's nicht!

Wenn bei uns zu Hause oder am Boot meiner Eltern etwas kaputt war, dann hörte ich diesen Satz. Er bedeutete, dass wir das schon irgendwie hinbekommen. Ich mag den Spruch. Und ich glaube, er gilt auch für das Klimathema. Es gibt technologiebasierte Lösungen, es gibt politische und ökonomische Hebel. Man muss ihren Einsatz nur wollen.

Mein Weg zur Vendée Globe hat mir gezeigt, wie viel sich erreichen lässt, wenn man etwas unbedingt will. Er hat mir gezeigt, dass man andere mit einem Traum anstecken kann und dass sich auf diese Weise das Unmögliche möglich machen lässt. Mein Weg hat mich zu Wissenschaftlern, Unternehmern und Klimaaktivisten geführt. Ich habe viel gelernt und erlebt – und bin trotzdem immer ein Seemann und Abenteurer geblieben, jemand, der als Junge an der Nordsee das Segeln lernte und dabei von dieser völlig irren, unbarmherzigen Vendée Globe träumte.

Während des Rennens habe ich ständig Sprachnachrichten an meinen Co-Autor Andreas Wolfers geschickt. Ich habe ihm detailliert erzählt, was ich da draußen erlebte und wie ich mich fühlte, an guten

wie an schlechten Tagen. Andreas hat alles gesichtet und ausgewählt, er hat gestrafft, zusätzliche Hintergrundinformationen recherchiert und das Ganze zur Geschichte meiner Vendée Globe gefügt.

Dieses Buch ist eine Einladung: zu mir an Bord zu kommen und noch einmal dieses Rennen um die Welt in achtzig Tagen zu erleben, mit all meinen Eindrücken und Emotionen. Und es ist, so hoffe ich, auch eine Inspiration: dass es sich lohnt, alles zu versuchen, um einen Lebenstraum zu verwirklichen. Die Hürden sind hoch, die Risiken zahlreich. Aber das größte Risiko wäre, es nicht zu versuchen.

Boris Herrmann

Winter in Vorderasien

DIESER ORIENTALISCHE WINTER nimmt immer merkwürdigere Formen an. Nun hat es über Nacht geschneit, und die Straße nach Damaskus ist unterbrochen. Wir fuhren gestern bis in das Dorf Bamdun und stiegen von dort mit unseren Skiern zwischen den verschneiten Weinbergen aufwärts. Wir überblickten zuerst die glänzenden Schneeflächen, dann den eisigen und spiegelnden Absturz bis zu den hundert gelben Mauern der Gärten und Reben. Drüben lagerten ganz dunkel die Vorketten des Libanon und zu ihren Füßen die weißen Häuser, die schwarzen Pinien und Orangenhaine von Beirut. Daran grenzte und zog sich in großem Bogen zum Horizont die verschwimmende Bläue des Meeres.

Kein Traum hätte einen fantastischeren Anblick ersinnen können. Bald darauf zog sich ein Gewitter zusammen. Wir sahen schwarze Fahnen wie aus Kohlenstaub, die über Wände von feurigem Gelb hinzogen; in der Tiefe wurde das Meer dunkel und stählern. Hagel setzte ein, die Schneeflächen bedeckten sich mit einer Schicht rollender Körner. Wir fuhren bis zu den Weinbergen und trugen dann die Skier, von Mauer zu Mauer springend, bergab. Völlig durchnässt kamen wir in der Dunkelheit nach Bamdun.

Über Nacht fuhr es fort zu schneien. Ich erwachte früh am nächsten Morgen und sah das Meer grau und schwer von Regen, seine Stöße waren langsam und drangen klatschend und sich überschlagend auf die Stadt ein. Diese lag noch in Dämmerung gehüllt, die Straße unter meinem Fenster glänzte vor Nässe, aus den Gärten hingen Blätter entkräftet über die gelben Mauern. Über den Dächern sah man das Gebirge, welches sich langsam von der Nacht befreite. Wolken lagen, von der verborgenen Sonne milchig erhellt, auf halber Höhe. Darüber war alles von neuem Schnee bedeckt, aber noch glanzlos und stumpf, und der Himmel voller Nachtbläue. Dann erhoben sich Vögel ganz in meiner Nähe, sie sangen, und ihre kleinen Jubelschreie verloren sich. Es war wie der erste Schrei der Schöpfung; ich wusste, dass nun bald die Sonne aufgehen würde, dass oben im Gebirge die Nebel zerrissen wie der Vorhang des Tempels, dass unten das Meer sich in Blau und Silber verwandeln, dass die Blätter sich aufrichten, die Mauern sich erwärmen würden, dass Meer und Himmel sich trennten, der Tag sich von der Winternacht schied – der alte und wunderbare Vorgang.

18. JANUAR 1934

Die Zeit eilt. Es wird bald Frühling sein. Heute gingen alle Leute an der Küste im Tropenhelm spazieren, und im Kaskadenrestaurant saßen sie fröhlich auf der Terrasse, tranken Zitronensaft und sahen das schöne, blaue, feiertägliche Meer an. Seit zwei Tagen feiern die Muslime das Ende des Ramadan, des vierwöchigen Fastens. Da seien drei Tage Erholung nicht zu viel, sagte tolerant und einsichtig ein Missionargreis im Postbüro von Dschebail. Er trug auch einen Tropenhelm auf dem ergrauten und bärtigen Haupt, dazu eine Hebammentasche um die Schulter, in welcher er ein Mandat über 25 Pfund verwahrte. Ich gab im gleichen Postbüro ein Hochzeitstelegramm auf, denn heute ist ein ungewöhnlicher Festtag.

Dem gestrigen Tag dagegen haftete etwas Überstürztes an – man war mitten in der Woche, höchstens die Hälfte der Stadt nahm am Fastenende teil; im Übrigen lagen Schiffe im Hafen und tuteten in den silbrigen Morgen, Trams, Lastautomobile und Droschken verdarben den Spaziergängern die Laune, und meinem Machmud gelang es überhaupt erst nachmittags, sich frei zu machen und an das

Fest zu denken. Er lud mich zu einem Spaziergang ein; wir gingen zuerst in sein Haus, ich bekam Tee, Brot mit Honig gefüllt und gezuckerte Mandeln. Die Frau von Machmuds Bruder war sehr festlich gekleidet und trug lange Spitzenhosen unter dem geblümten Kleid. Machmud vertauschte inzwischen die schwarze Pluderhose mit einer weißen, gelblich gestärkten, die an den Seiten schön gestickt war, und zog ein frisches Hemd an. Die Kinder knieten schweigend in ihrer Ecke und sahen dem Onkel zu.

Ich habe besonders das neunjährige Mädchen ins Herz geschlossen, seit es, als ich einmal des Nachts zu Besuch kam und es schon auf seinen Steppdecken lag, halb im Traum nach seinem Tüchlein griff, sich das kleine Haupt verschleierte und wieder in Schlaf sank.

Machmud und ich ergingen uns auf der Straße oberhalb der Küste, genossen die Aussicht, fotografierten Soldaten aus dem Sudan, prächtige Schwarze, und begegneten sonntäglichen Familien, oftmals der Vater auf einem Esel voraus, hinter ihm, abgekämpft, Frau und Kinder.

Dann war es der Rummelplatz: unter den Pinien, sozusagen Haus an Haus mit dem Kommissär und den schönen Reitpferden, die man drüben in der Sonne führte. Aber welches Volksfest! Da gab es Tänzer und Gaukler, dressierte Affen, Messerkämpfer, Wahrsager. Im Kreis standen die Zuschauer: vom Land Gekommene, Beduinen und Männer aus dem Gebirge – in tausend phantastischen Kopfbedeckungen, in hohen Stiefeln, in langen goldgestreiften Gewändern. Viele wie Machmud in der gestickten weißen oder blauen und braunen Hose; dazu trugen sie aber Goldwesten mit kleinen Stehkragen. Im Kreis sah man Fechter mit kleinen, runden Schilden und langen Schwertern, die mit ständig sich wiederholenden Gesten aufeinander lossprangen, die Schilde zusammenschlugen, auseinanderwichen und nun den Zweikampf wie in großem Zorn begannen. Ein ägyptischer Gaukler hatte sich ein Messer durch den Arm gestoßen, ohne dass man einen Tropfen Blut sah; jetzt fuhr er fort, mit weißen Mäusen, Geldstücken und Dolchen zu zaubern, während das Messer grässlich aus dem abgebundenen Arm starrte. Am meisten Zulauf hatten aber die Tänzer, deren es eine Menge gab und von sehr verschiedener Qualität; ich sah drei, die sich wie in Ekstase bewegten, schweißbedeckte Burschen, die langsam mit den Füßen traten, dann

schneller und hüpfend, begleitet von einer großen Trommel und einer kläglichen Querpfeife. Zuerst schienen sie in sich gekehrt und um die eigene Achse geneigt, wie nachgrübelnd und befangen, dann plötzlich das Kreuz eingezogen, den Blick frech nach außen gewandt und rasch in den größten Kreis geratend, den ihnen die Zuschauer freiließen. Dann sangen sie auch, stießen vielmehr von Zeit zu Zeit Bruchstücke einer rauen Begleitung aus gequälter Kehle, und als die Zuschauer einstimmten, ließen sie sich zuerst anfeuern, gerieten dann aber in ein zuckendes Auf und Nieder, sahen sich, plötzlich unsicher, einer nach dem anderen um und fielen zusammen, erloschen, nur noch leise mit den Füssen stampfend.

Draußen, unter den Bäumen, schaukelten sie in riesigen, aus Baumstämmen errichteten Schaukeln, nicht nur die Burschen und die Kinder, sogar Mädchen und Frauen, Verschleierte, die durch ihre düstere Hülle nun laute Freudenschreie ausstießen, sich umklammerten, die wehenden Röcke vergaßen, und zu viert, mit zurückgeworfenen Köpfen, ins Blau tauchten und wieder zur Erde sanken, schwindelergriffen, erschreckt und jubelnd. Auch Karussells gab es mit primitiv geschnitzten Pferdchen und unsolide Schiffschaukeln – kurz, es war ein Wirbel von Drehen und Schweben, dazu Musik aus zwanzig traurigen Blasebälgen, Querpfeifen, klimpernden Gitarren und Geschrei, Gesang, Anfeuerung auf allen Seiten. Am Rand des Waldes hatte ein Tanzmeister einen Ring von Leuten um sich gesammelt, sechs oder acht tanzten schon, indem sie sich gegenseitig Schulter und Hüfte umschlangen und nun, im Takt, einen Fuß nach vorn setzten, rasch zurückzogen, wechselten, und so in ein Knie gingen, sich wieder hoben und, je rascher die Bewegung wurde, umso mehr in Hüpfen und Wiegen verfielen. Machmud erklärte mir, dass dies ein Bauerntanz sei, den sie, im Sommer, in den Bergen tanzten. Immer mehr Männer schlossen sich an, Unteroffiziere neben Bauern mit Kufija, junge Städter in Lackschuhen und Fes neben dem Schuhputzer Machmud. Denn plötzlich hielt es ihn nicht mehr. Er reichte mir seinen Regenschirm, entschuldigte sich für einen Augenblick und trat in die Reihe ein. Der Tanz nahm komplizierte Formen an, die Männer an der Spitze sangen und sprangen, drehten sich mit erhobenem Arm, sanken auf ein Knie, und die lange Kette drängte laut singend und stampfend nach.

Es war ein vollkommener Platz,
dem Paradies benachbart.
Ich schwamm mehrere Male
hinaus, bis ich über dem
Strand das Schneegebirge auf-
tauchen sah, und trocknete
mich nachher in der Sonne.

Machmud kam mit glänzenden Augen wieder. Er führte mich durch die Hintergründe des Festgeländes, durch die Garküchen, wo Hammelfleisch an Spießen gebraten wurde und Gebäck in brodelndem Öl schwamm – an den wartenden Eseln vorbei, an den Streitenden, den Ausgelassenen, den Polizisten. Und auf der Straße angelangt, mietete er eine Droschke, ließ das Dach öffnen und fuhr mit mir zum Hotel zurück.

Am dritten Tag des Festes sah ich Beduinen tanzen. Die Jünglinge trugen ihre Haare halblang oder in viele kleine Zöpfe geflochten. Die blaugeschminkten Augen erhöhten noch den Eindruck des Mädchenhaften in ihren schönen Zügen. Da sie sich so wild gebärdeten – so stampften, als gelte es die Erde einzutreten, und ihre springenden, vor- und zurückweichenden Schritte ausführten, als fürchteten und besiegten sie einen dämonischen Widerstand gegen ihre Besessenheit –, wirkte diese weibliche Schönheit, die Blässe der Haut, umrahmt von bläulichschwarzem Haar, noch sonderbarer und ganz aus einer fremden Welt.

Es gab noch andere fremdartige Spuren auf diesem Vorstadt-Rummelplatz, wenn sie auch oft äußerlich waren, nur noch Erinnerungen, und mit den abgeschmacktesten Neuerungen des europäischen Vergnügungsmarktes vermischt:

Da waren die Schwertkämpfer, die ihre Posen so gut auswendig wussten und doch nicht das Bild von Angriff, Spannung und ritterlichem Spiel erweckten – es blieb beim Waffenklirren, bei der leeren Gebärde. Die Zauberer trieben allerhand übliche und durchsichtige Kunstgriffe, doch murmelten sie dabei Wüstenzauber und Geisterbeschwörung; sicher nahmen sie dafür alte, wirksame Formeln und vergessene Gottheiten in Anspruch.

Doch da fand sich, in einem kleinen Kreis von Zuschauern, ein Tänzer, der über einer glatten hellbraunen Stirn eine Kopfbedeckung trug, halb Helm, halb Krone, wie jene gefiederten ägyptischen oder die hohen des Teschup; flach lagen geschlitzte Augen im unbewegten Gesicht, der Mund schien zu klein im Dreieck von Backenknochen und Kinn.

Der Mann war groß und knabenhaft schlank. Er trug in der Hand einen Stab mit Glöckchen und Bändern wie ein Bärenführer und tanzte, sparsam und hochmütig. Er hob manchmal einen Arm mit

ausgestreckten Fingern über das künstlich erhöhte Haupt und blickte dabei unbewegt lächelnd über die eigene Schulter. Auf der Fußspitze drehte er sich langsam seitwärts. Sein Anblick erweckte das sonderbarste Gefühl von Verzauberung: Miniaturen tauchten auf, Gestalten junger Gaukler und Prinzen, die träumerisch unter göttlicher Eingebung handelten …

An einem der Festtage – dem 18. Januar – war ich in Byblos, dessen phönizische Ruinen von Felsen herab Bucht und Aussicht des Meeres beherrschen. Da man dieses Jahr landeinwärts in der Nähe des Kreuzritterturmes das zierliche römische Amphitheater freigelegt hat, am Rand des Wassers die phönizische Stadt mit den Trümmern importierter, ägyptischer Statuen und den enormen Grabkammern der Könige liegt, darüber aber die wunderschöne weiße und anmutige Säulenreihe eines römischen Tempels sich abhebt – so erhält man hier gleich den Eindruck der Jahrtausende, die den Boden bewohnt haben, und Schicht um Schicht zeigt sich eine würdige Vergangenheit.

Heute ist Dschebail ein kleiner und unbedeutender Ort. Aber die schöne Küste, der friedliche Hafen mit den aufwärtsgekehrten Kielen breiter Fischerboote, der stille Hof der Kirche Saint-Jean, die Gärten endlich und die kleinen Wege zwischen altem Gemäuer: Dies alles ist ungemein angenehm, heiter, ein versöhnter Abglanz überstandener Größe.

Ich war um sieben Uhr morgens angekommen; um elf Uhr war ich mit meinem Rundgang zu Ende. Ein kleiner Knabe schloss sich mir an, als ich durch den Basar von Dschebail ging. Er sprach ein sonderbar erlerntes, pedantisches Französisch, zeigte sich artig und beflissen und brachte mit ernsten Redensarten seine kleinen Erklärungen an: über die Kirche Saint-Jean und die armenische Schule, über die Tätigkeit der »Pater« vom Berge (er wies mit der Hand auf das Haus), auch über den Sinn der Feste, die ihm, da er und seine Eltern Muslime seien, drei schulfreie Tage eintrügen.

In der Kirche Saint-Jean herrschte der Friede einer Dorfkirche. Von den Wänden kam der Geruch feuchten Steins, vermischt mit der Erinnerung brennender Kerzen, einer ewigen Lampe, ein wenig Weihrauch. Durch die offene Türe sah man ein paar Zweige und ihre spielenden Schatten auf dem Pflaster des Hofs. Oben, zwischen

Säulen und Deckengebälk, flogen Vögel. Eine Erinnerung erwachte und zehrendes Heimweh: ein Sommerabend, Schwalben schossen mit hellen Schreien durch das schwebende, gleichsam von Engeln getragene Gewölbe der Kirche Wies ...

Dann schickte ich den Knaben, der, beharrlich plaudernd, an meiner Seite ging, nach Hause.

Ich folgte dem Strand und wanderte eine Stunde lang, ohne einen Menschen anzutreffen. Weißer Sand lief wie ein Band am Fuße gelber Felsen; hinter den Felsen lagen Äcker, hinter den Äckern die breite Landstraße nach Tripoli.

Von weither vernahm man zuweilen das laute Signal eines Autobusses der »Ligne Autoroutière du Levant« oder das Schreien eines Esels. Das Meer war still, festtäglich, tiefblau und schlug mit ruhigem Klatschen auf den rollenden Sand. Ein Felsen ragte aus dem Wasser, schwarzer Punkt, um den sich das Licht flimmernd sammelte. Weit draußen lag unbeweglich ein kleines Boot.

Es war ein vollkommener Platz, dem Paradies benachbart. Ich schwamm mehrere Male hinaus, bis ich über dem Strand das Schneegebirge auftauchen sah, und trocknete mich nachher in der Sonne.

Viel später sah ich auf einem entfernten Küstenfelsen einen Mann von übernatürlicher Größe; er trug eine weiße Kufija und war umrahmt von weißem Licht. Lange stand er dort, ein arabischer Bauer, der sein Feld bestellt hatte und nun über das Meer blickte, der erste Mensch ...

Nun verschwand er wieder, sank langsam unter den Rand des Felsens, ich sah noch sein Schultertuch, sein dunkles Haupt, dann nichts mehr.

Am nächsten Morgen befand ich mich wieder unterwegs ins Gebirge; der Himmel war düster, schwer von bleiernen Wolken. Oben, kurz vor der Passhöhe, überraschte uns ein Schneesturm. Eisige Kälte herrschte, weiße Bänder wehten unheimlich geschwind über die Straße und gefroren, ehe man sich's versah; kleine Hügel bildeten sich, über die der Wagen sanft schleudernd hinwegglitt.

In der Tiefe lag Nebel.

Wir erreichten eine Schenke, deren großes Tor uns geöffnet wurde: Tropfend stand der Wagen gleich darauf im kahlen Wirtsraum. Zwei Frauen saßen vor dem kleinen Kohlenbecken; auf den

Teppichen lag feiner Schneestaub, ganze Schneewehen bildeten sich am Fuß der Mauern, der Wind pfiff durch die Wände.

In unseren schweren Mänteln machten wir uns mit den Skiern auf und fuhren, gegen Wind und Hagel ankämpfend, über den breiten Abhang hinter der Schenke.

Aber der Sturm wuchs, und mit ihm die Kälte. Wir mussten umkehren und langten zusammen mit einer Gruppe von Wegarbeitern wieder bei der Schenke an.

Es wurde an diesem Tage nicht mehr hell. Wir beeilten uns, aufzubrechen, solange die Straße noch befahrbar war, und erreichten Beirut ohne Unfall.

BEIRUT, AM 23. JANUAR 1934

Durch den Taurus zu fahren war wie eine Verwandlung, ein Szenenwechsel, der durch Galerien führte: mit Ausblicken auf Kaskaden und Wasserfälle, Stufen dunkler Wälder, Abstürze und schneegekrönte Häupter. Indessen fiel der Vorhang über Anatolien, und die neue Ebene öffnete sich, städtereich, zwischen Gebirgszügen und einer schönen Küste. Schon in Abendlicht gehüllt die düsteren Tells, die Aschen- und Scherbenhügel, rauchende arabische Dörfer an ihrem Fuß, und aufsteigend aus der lebendigen, nächtlichen, verführenden Stadt, streng und mit rieselnden Abhängen, mauerbewehrt, mit wuchtiger Torbrücke, die Zitadelle von Aleppo.

Jetzt, da ich im Begriff bin, Beirut zu verlassen, kommt es mir wie ein entscheidender Schritt vor. Das Leben hatte hier freundliche Formen, und ich konnte, was ich tat, dem Maßstab von ausgezeichneten Menschen unterwerfen. Ich war oft genug allein, hatte Zeit, meine Pläne streng zu erwägen, was nur am Anfang entmutigend sein kann, dann aber zu mancher Festigung verhilft.

Die einzige, furchtbar anwachsende Sorge ist nur, dass das Leben niemals ausreichen wird, eine einzige Anstrengung bis zu einem unanfechtbaren Ziel zu führen ...

Dies ist überhaupt die größte Gefahr einer langen Reise: Da man beständig aufbricht oder die Zeit möglichst nützlich und ohne allzu große Entmutigungen ausfüllt bis zum nächsten Aufbruch und dann jedes Mal wieder abrechnet, als sei es endgültig, so ist man sich be-

Dies ist überhaupt die größte Gefahr einer langen Reise: Da man beständig aufbricht oder die Zeit möglichst nützlich und ohne allzu große Entmutigungen ausfüllt bis zum nächsten Aufbruch …

ständig bewusst, dass Tage derart vergehen und dann Monate, und dass das ganze Leben nur aus einer kleinen Zahl solcher Unternehmungen besteht. Ja, diese ganze, auf einer Reise verbrachte Zeit zeigt nur ein wenig unverkleideter und zusammengedrängt, wie wir unser ganzes Dasein verbringen: Anfangs überschwänglich und mit zahlreichen und großen Absichten, bald zufrieden mit den Realisationen am Wege, selten mit einem festumrissenen Ziel, noch seltener sicher über dessen Wert; auf unsere innere und äußere Würde bedacht und darüber hinaus auf Harmonie mit dem, was wir lieben – und dies zu erreichen, ist schon viel.

Im gewöhnlichen Leben scheint natürlich alles fester und nicht vorübergehend; das Bewusstsein des »Episodenhaften« verliert sich, man glaubt leichter, dass jeder Tag zu einer Zukunft beitrage, und man vergisst, dass diese Zukunft eines Tages oder Nachts ihr unwiderrufliches Ende hat. Wer aber weiß, was dann noch zählt!

Es liegt am Zustand der Welt, dass man sich der Gefährdungen, Zufälligkeiten, Beschränkungen, die sich in den Ablauf eines kurzen Lebens mischen, so bewusst ist: Man weiß, dass sich die Welt unausweichlichen und großen Veränderungen nähert, aber man weiß nicht, wie man sie überstehen wird. Deshalb ist man für jede ungestörte und leidlich friedlich überstandene Episode dankbar.

BAGDAD, AM 29. JANUAR 1934

Vor meinem Fenster strömt breit und gelb der uralte Tigris. Palmen stehen am jenseitigen Ufer, große Ruderboote gleiten zur Brücke des General Maude hinab; drüben gibt es Soldaten, ihre Signale schmettern von Zeit zu Zeit im Dreiklang in den morgendlichen Himmel.

Die Uhr ist wieder um eine Stunde vorgerückt; ich bin schon weit im Osten. Die Wüste gibt hier das Gefühl der Entfernung. Professor Jordan erzählte mir gestern, dass er früher 21 Tage gebraucht habe, um mit einer Karawane von Aleppo bis Bagdad zu reisen. Das mag freilich eine andere Erfahrung gewesen sein, und wir versäumen heute viel. Aber jeder Zeit sei das Ihrige gegönnt; über nichts bestimmen wir weniger als über unsere Erlebnisse.

Ich bin von Damaskus in Stunden hierher geflogen. Man weckte mich im Hotel Omajad um halb drei Uhr morgens; ein Auto holte

mich ab, alles vollzog sich in großer Geschwindigkeit, und schon fuhren wir auf der lichterbesetzten Straße zum Flugplatz hinaus. Neben uns lagen die geisterhaft leeren Hügel, die ersten Begleiter der Karawanen, die ja auch meistens nachts aufbrechen. Aber sie wichen unmerklich zurück und gaben der Ebene Raum; da waren auch schon die großen Schuppen, die roten Lämpchen, wir bogen von der Straße ab und hielten gleich darauf neben dem Flugzeug, dessen Propeller schon liefen und blaue Garben aussandten. Es war sehr kalt. Arbeiter und Mechaniker liefen umher. Die Piloten standen in ihrem dicken Lederzeug und rauchten und betrachteten schweigend den großen zitternden Körper der Maschine. Dann rollten wir über den Platz, zwischen den roten Lämpchen hindurch, erhoben uns mit einem Ruck, änderten die Richtung und schwebten schon über den Lichtern der Stadt. Die Nacht schien hell, ein weißer Streifen bezeichnete den Horizont, ein schwacher gelber Glanz lag über den Gärten von Damaskus. Man erkannte die ummauerten Vierecke, die dunklen Flecken beackerter Erde, die silbrigen Ölhaine. Die Straße, die aus der Wüste kam, lief nun plötzlich, am Ende aller Mühen, durch diese fruchtbaren Mosaike und gab der Stadt ihre poetischen Beinamen im Mund der Araber. Aber bald wurde die Erde still, der Glanz erlosch, es waren nur noch Hügel, die sich wie der Faltenwurf eines Kleides nach allen Seiten verliefen.

Manchmal ein Dorf: ein fester Platz, ummauert mit den nackten, fensterlosen Wänden der äußersten Häuser, und alles ineinandergebaut, Hof an Hof; dazwischen liefen die schmalen Gassen, und am Ost- und Westende verließ eine Spur das Dorf und verlor sich in der Nacht.

Bald hörten auch die Dörfer auf, und in tiefer Dunkelheit flogen wir über die ungeborene Welt, die Wüste.

Nach zwei Stunden begann die Dämmerung. Hinter uns war sie blau wie pastell, vor uns blieb der Himmel schwarz und brach sich violett und stahlblau an der roten Wand im Osten. Die weißen Feuerräder der Propeller erloschen, bleiches Licht umgab uns. Ich sah jetzt die Wüste, die sich aus dem Schlaf befreite, und es war, als sei man der erste Mensch und die Erde tauche soeben aus der Urnacht und werde vom frühen milchigen Licht getroffen.

Als die Sonne nach langer Zeit aufging, war sie wie eine rote

Erst allmählich floss das Licht über die Hügel, sie erglänzten einer nach dem anderen, teilten sich in einen schattigen Abhang und einen glänzenden und folgten weithin wie Wellen aufeinander.

Flamme, und man sah nichts mehr. Erst allmählich floss das Licht über die Hügel, sie erglänzten einer nach dem anderen, teilten sich in einen schattigen Abhang und einen glänzenden und folgten weithin wie Wellen aufeinander.

Der Sand zeichnete die Linien der Hügel in unregelmässigen Umrissen, dazwischen verliefen die ausgetrockneten Wadis; manchmal sah man auch Spuren, spärliche Linien, die sich irgendwo verloren. In einigen Wadis hatte sich während der letzten Regen Wasser angesammelt. Es lag als schwarzes Auge in den länglichen Brunnen.

Als die Hügel aufhörten und nur die flache Wüste da war, sahen wir die ersten Gazellenherden. Sie flohen, weiße Tiere, von ihren Schatten begleitet, unter uns hinweg.

Es wurde Tag. Der Pilot winkte mir, nach vorn zu kommen, und zeigte mir vor uns, noch weit entfernt, den schimmernden Euphrat.

Gleich veränderte sich unten das Bild: Es gab wieder Hügel und breite Einschnitte wie von alten Flussbetten, in ihnen dunklere Erde und schönbearbeitete kleine Äcker den Rändern entlang. Nomadenzelte, von einem Wall aus Dorngesträuch umgeben, bildeten fremdartige Siedlungen. Kamele lagerten zwischen den Anwesen, Rauch stieg auf, Eselreiter zogen alten Spuren nach in der Richtung des lebensspendenden Flusses. Rechts lag der See. An seinen salzigen Ufern sah man Schafherden, dann Reiter, pflügende Fellachen hinter weißen Ochsen, Flussufer, mit Palmen bestanden, eine Brücke, eine kleine Stadt. Überall regte sich Leben, ländliche Tätigkeit, die Kultur der Ebene. Es war ein wunderbares Panorama, ein friedlicher Anblick, wie er sich seit fünftausend Jahren an diesem Ufer bietet...

BAGDAD, AM 7. FEBRUAR 1934

Es regnet seit gestern Abend. Die Kälte scheint gebrochen, und der Regen nimmt sich wie ein lauer, langanhaltender Frühlingsregen aus. Als ich gestern Nacht von der Deutschen Gesandtschaft nach Hause fuhr, war der Weg schon aufgeweicht; von Reiten kann morgen keine Rede sein. Auch nach Tell Asmar werde ich nicht fahren können, sondern zunächst einige Tage in der Stadt festsitzen.

In Europa spielt das Wetter kaum mehr eine Rolle; hier ist man noch vom Wasser, vom Staubsturm, vom Fluss abhängig und steht dadurch zur Natur in einer nahen Beziehung. Man versteht, dass die

Menschen hoffend und fürchtend zu den Göttern beten, und dass ihre Gewalten unserm Willen gegenüberstehen und immer den Sieg davontragen. Das gibt eine ganz andere Geduld.

Wären wir gestern Nachmittag nicht gerade vor Beginn des Regens aus dem Süden zurückgekommen, so würden wir jetzt vermutlich irgendwo zwischen Kut und Ktesiphon im Schlamm stecken. Und der Himmel bewahre mich vor einer zweiten Nacht in Kut! Aber der Ausflug nach Süden war ausserordentlich, ein Erlebnis, welches ein Stück Europa-Hochmut in Stücke schlug.

Ich war Freitagabend mit Dr. Jordan aus Babylon zurückgekommen – es ist schade, dass diese Ruine so leicht erreichbar geworden ist. Nun fahren Scharen von Ausflüglern dorthin, mit Picknickkörben und englischem Geplauder, durchschreiten Babel und treiben sich respektlos auf dem Pflaster von Nebukadnezars Prozessionsstrasse herum, erkennen erfreut die schönen, klugschreitenden Fabeltiere am älteren Ischtartor, die bescheidenen Geschwister der späten, blauglasierten, welche man vorher im Museum von Bagdad gesehen hat, und der Löwe, den Miss Bell auf ein Postament stellte, damit er leichter fotografiert werden kann, hält langmütig dem täglichen Ansturm der Kodaks und Leicas stand. Aber ich vermute, dass es ihm nicht viel anhaben kann; er späht über alles hinweg nach der Ebene, während der Mensch unter ihm sich verzweifelt auflehnt und mit den klobigen Händen in seine Mähne greift; man sieht schon: vergebens.

Man hat gesagt, dass der »Löwe von Babylon« für seine Erzeuger den Beweis einer naturalistischen Begabung liefere, die ihnen sonst fehle. Aber er wirkt nicht entfernt so unbeschwert anregend und erfreuend wie die ägyptischen Jagdtiere der Amarna-Zeit – er steht ihnen nicht näher als dem babylonischen Symbol und den Fabeltieren (für die uns meistens die Phantasie und die Einbildungsgabe fehlen). Ich glaube, er ist das Werk eines verhältnismäßig freien Geistes innerhalb einer gebundenen Welt, eines großen Künstlers, der aber den tiefen Gesetzen der religiösen Offenbarungs-Kunst nicht entgangen ist. Vermutlich wäre der Löwe im Lauf der Zeit zu einem Symbol geworden; für uns ist er erst eine Vision, aber schon viel mehr als »naturalistisch«, eben noch unserm Verständnis zugänglich.

Ich sah Dr. Jordan nachdenklich und, so schien es mir, mit leicht getrübtem Auge vor seinem Löwen stehen. Es kann für ihn keine

Freude sein, der wachsenden »Profanierung« der Weltstadt Nebukadnezars und Alexanders durch so viel unberufene Touristenneugier beizuwohnen. Aber wie nahe steht uns noch Alexander! In Babylon fand seine Hochzeit mit Roxane statt und die Massenhochzeit seiner mazedonischen Offiziere mit persischen Frauen, und hier starb er und erlag seinem europäischen Schicksal: verstrickt in ein Abenteuer, welches über seine Kraft ging.

Auf der Rückfahrt von Babylon hatten wir ziemlich starken Wind und viel Staub. Es war das erste Mal, dass ich einen »Sandsturm« sah, von dem hier so viel gesprochen wird. Aber er war nur ein kleiner Anfang.

Noch am späten Abend wurde ich von einem Herrn angerufen, der mir vorschlug, am nächsten Tag mit einer jungen Amerikanerin und einem palästinensischen Ingenieur nach Ur und Warka zu fahren. Ich sagte sofort zu, packte meine Sachen und machte mich auf halb acht Uhr morgens bereit.

Es war ein sehr schlechter Tag. Bis Hilla hatten wir starken Sturm und kamen nur langsam vorwärts. Der Sand sah wie dicker Nebel aus, und man verlor nach kurzer Zeit jede Orientierung und folgte blind den breiten Wagenspuren, welche man hier als »Straße« bezeichnet. Manchmal tauchten dicht vor uns Kamele oder Reiter schattenhaft auf, und zweimal begegneten wir Lastwagen und stießen beinahe mit ihnen zusammen. Das große Pfeifen des Windes war sehr schön und gab den Eindruck unendlicher Weite, aber der Staub verschloss sie und engte uns ein, und man glaubte sich in einer anderen Welt mit unbekannten Sensationen. Unsere Handtaschen, Decken und Mäntel waren sofort mit einer dicken Staubschicht bedeckt; nach einiger Zeit begannen wir zu husten und hatten ausgetrocknete Kehlen. Von Babylon sah ich diesmal nichts außer dem Hügeltor Babylon und einem Wegweiser. Ich glaubte, dass wir vielleicht doch, wie es im Märchen von der Stadt Vineta auf dem Meeresgrund erzählt wird, die Jahrtausende übersprungen hätten und nun mit sausenden Ohren und leicht erblindeten Augen den Wegweisern »nach Kisch« und »nach Babylon« begegneten, und dass demnächst ihre Stadtmauern aus der Ebene auftauchen würden.

Hinter Hilla wurde das Wetter besser. Wir folgten eine Strecke weit dem Flussufer und fuhren durch große Gärten und Palmenwäl-

der. Außerhalb des Flusses ist hier Wüste, aber die Ufer des Euphrats und die der großen Kanäle sind liebliche, gesegnete Straßen; das Leben findet sich hier zusammen, es gibt hellgrüne Grasflächen und braune, frischgepflügte Äcker; man sieht Esel und Büffel weiden, und die großen Segelboote tauchen zwischen den Palmen auf und fahren langsam flussabwärts. Es ist ein Bild wie aus den Frühzeiten der Erde, und ich will nicht zweifeln, dass die Menschen, die aus der Wüste zu diesen schönen Ufern kamen, sich so und nicht anders den Garten des Paradieses vorstellten.

Man lernt hier die einfachen Gesetze der Menschheit wie aus einem Bilderbuch: Die schönen, blühenden Ortschaften liegen unweigerlich an einem Flussarm, der reichlich Wasser führt – so Hilla und Samawa, dessen Schiffsbrücke und Basar und Reismühlen wir fotografierten. An den trockenen Kanälen liegen die verlassenen Dörfer und unten im Süden die begrabenen Königsstädte, deren Gärten in Wüste verwandelt wurden, weil der Euphrat nach Westen wanderte und die nachkommenden Geschlechter den Kanal Hammurapis vernachlässigten.

Es wurde früh dunkel, aber man wusste nicht, ob es schon die Abenddämmerung war oder ob der Sand die Sonne verdeckte und uns in diese sonderbare, gleichmäßige gelbe Nacht hüllte. Ich hatte den Eindruck, dass wir viele Stunden so gefahren seien: immer in der Ebene, die endlos schien oder kreisrund, und wir darin gefangen und fast schwindlig von den wehenden, auf- und abgleitenden Staubschwaden.

Gegen fünf Uhr klärte es sich plötzlich auf, und wir sahen hinter uns die Sonne untergehen. Es war ein herrliches Schauspiel, und der Himmel glänzte weithin von den farbigen Strahlen, bevor er erlosch und nur noch ein schmaler gelber Streifen übrig blieb.

Die Leute fahren hier ungern in der Dunkelheit. Man fühlt sich schon am Tag verlassen genug. Aber des Nachts wird es fast unerträglich, und man ist nur noch ein einziger Punkt in einem großen Kreis von Wind, Ebene, Sand, schwarzem Horizont.

Es war eine schreckliche Einsamkeit. Wir trafen lange Zeit nichts Lebendiges mehr an außer ab und zu einem Beduinenzelt. Man sah die Bewohner um ein kleines Feuer sitzen, welches vor dem Eingang brannte. Auch die Frauen erkannte man, sie waren unverschleiert und sahen dunkel und schön aus und reich geschmückt. Aber wahr-

scheinlich war der blitzende Schmuck sehr gewöhnlich, denn die Nomaden dieser Gegend sind meistens arm. Es ist fast unbegreiflich, wie sie in solcher Abgeschlossenheit existieren können. Doch sie sind anspruchslos, und Entbehrungen bedeuten ihnen nichts; sie haben ja Zeit. Wir fuhren an ihren roten Feuern vorbei, den einzigen Lichtern in der Nacht, und dann wieder in das Dunkel vor uns. Die Straße war sehr schlecht. Manchmal war sie eine runde Mulde wie ein trockenes Bachbett, manchmal breitete sie sich aus und war nur ein breiter Spurenstreifen in der Ebene.

Endlich erreichten wir einen Wald und wussten, dass wir in der Nähe von Wasser waren. Wir tauchten unter und befanden uns unter einer Decke von verschlungenen Ästen und Laubwerk und unter schwerer, feuchter Luft. [...]

Ich dachte daran, dass wir uns nun auf dem Boden von Abrahams Herden befanden, aber es sagte mir nichts und ich wünschte nur, dass wir möglichst bald das Rasthaus finden würden. Es war ein sehr kleines Haus mit einem Schlafraum und einem Wohnraum, der ziemlich sauber und angenehm aussah. Ein Inder bediente uns still, ein netter alter Mann, der die Betten überzog, Tee bereitete und sogar aus irgendeiner Stationskneipe spärlichen, schlechten Whisky und laues, fadschmeckendes Wasser brachte. Ich schlief sehr gut und erwachte erst um halb sieben Uhr. Die anderen hatten fast gar nicht geschlafen und waren schon auf und warteten, ob es gutes Wetter geben würde. Es wurde hell, während wir frühstückten; wir sahen, dass wir einen schönen Tag vor uns hatten.

Annemarie Schwarzenbach

Neue Horizonte

Bilder deiner großen Liebe

12.

Der Kanal ist alt, aus alten Ziegelsteinen mit Verzierungen gemauert, mindestens hundert Jahre. Ich setze mich an den Rand und versuche, mit den Fußspitzen das Wasser zu berühren. Es fehlt ein halber Meter. Beim Weitergehen überholt mich ein Lastkahn. Genau genommen ein Bötchen, das einen riesigen Container vor sich herschiebt, der mit Kies beladen ist. Oder ein Container, auf dem hinten ein Häuschen steht, auf dem ein Auto steht. Ich sehe einen Mann am Steuer. Sein Gesicht ist rotbraun verbrannt, die Haare sind dunkelblond.

»Kann ich mitfahren?«, rufe ich.

Er bemerkt mich nicht.

»Kann ich mitfahren?«

Er antwortet nicht.

Ich laufe zwischen kniehohem Gras und dornigen Sträuchern am Ufer entlang. Das Schiff ist nicht viel schneller als ein Jogger. Mindestens eine Viertelstunde renne ich nebenher und rufe. Drei oder vier Meter Wasser trennen uns.

»Kann ich mitfahren? Kann ich mitfahren? Kann ich bitte mitfahren?«

Der braunrotgesichtige Mann schüttelt den Kopf. Ich ziehe mein T-Shirt straff. Ich stütze eine Hand in die Seite, als hätte ich Seitenstiche. Ich weiß, wie ich aussehe.

Er lacht.

»Kann ich?«, rufe ich.

Er zeigt mir den Vogel.

Ich bleibe an einem Dornengestrüpp hängen, stolpere, reiße mich los und stürze dem Schiff hinterher. Ich beschimpfe das Gestrüpp, ich beschimpfe das Schiff und ich beschimpfe den Mann.

Er lacht lauter.

»Warum denn nicht?«

Er breitet die Arme aus wie ein Hundebesitzer, der seinen verloren geglaubten kleinen Liebling auf sich zujapsen sieht, und grinst. »Warum nicht? Ja, warum denn nicht? Immer an Bord, junge Frau, immer an Bord, nur dass ich leider mein Schiff – dass ich – nein ... nicht – nein!«

Ich bin schräg die Böschung hochgerannt, habe Anlauf genommen und springe drei Meter weit und zwei Meter tief auf die große Eisenplatte am Bug. Meine Knöchel knirschen bei der Landung, aber nicht schlimm.

»Ja, bist du denn völlig ... bist du okay?«

Der Mann ist aus der Tür seiner Kabine getreten und sieht mich über die ganze Länge des Schiffes hinweg entgeistert an. Ich humple fünfzig Meter auf ihn zu. Er hat eine Hand am Steuer, die andere knetet die Luft neben seiner Schulter.

»Du kannst hier nicht mitfahren«, brüllt er, während er mich ins Führerhaus schiebt, mich an den Schultern auf eine Bank drückt und sich zu meinen Füßen hinunterbeugt.

Er zieht einen Verbandskoffer hervor. Dann reckt er den Kopf, schaut durch die Scheibe, drosselt die Geschwindigkeit und beugt sich wieder hinunter. »Du kannst hier nicht mit ... du kannst ... ist das hier passiert?«

»Nein, schon älter.«

»In Glas getreten?«

Ich beiße auf meine Lippen. Plötzlich tut es weh.

»Nicht anfassen.«

»Oh, Mann«, sagt er. »Du bist ja völlig meschugge.«

Er legt meine Beine auf sein Knie und desinfiziert die Fußsohlen. Er umwickelt beide Füße mit weißen Mullbinden bis an die Waden und klebt den Verband mit Hansaplast fest.

»Aber denk nicht, dass ich dich mitnehm. An der nächsten Schleuse steigst du aus.«

Er patscht auf mein Knie, lässt seine Hand einen Moment dort liegen und lächelt, als habe er es gar nicht bemerkt. Ich stehe auf und betrachte die Verbände. Sie sind weiß wie Schnee.

»Steht mir, oder?«

Er schüttelt den Kopf. Er hält sich eine Faust vor den Mund, hüstelt, öffnet sie wieder und sagt: »Mann, Mann, Mann, Mann, Mann.«

Dann stellt er sich wieder ans Steuer. Eine Weile ist nur das Geräusch des Motors zu hören.

Schließlich frage ich: »Und was sind Sie hier jetzt?«

»Was?«

»Auf dem Boot.«

»Auf dem Boot?«

»Der Bootsführer? Der Steuermann? Der Schiffsarzt?«

»Kapitän. Was sonst?«

»Auf so einem Schiffchen?«

»Ist dir das zu klein?«

»Sie haben ja nicht mal eine Uniform.«

»Kapitän ist, wer das Schiff führt. Was dachtest du denn?«

»Schiffer vielleicht. Dass Sie der Schiffer sind. Oder Kanalschiffer. Aber garantiert nicht Kapitän. Kann ich nachher auch mal steuern?«

»Du kannst gleich mal über Bord gehen.«

»Und wie heißt der Kahn?«

»Schiff! Das ist ein Schiff! Und heißt Daniela.«

»Genau wie ich!« Ich mache dieses Lächeln, das ich lange vor dem Spiegel geübt habe.

Er rollt die Augen nach oben.

Dabei will ich nur, dass er mich nicht gleich wieder an Land setzt. Das Boot ist schön, der Kanal ist schön, und das Bootfahren ist auch schön.

»Und wie heißt du wirklich?«

»Isa.«

»Und wie alt bist du?«

»Achtzehn.«

»Achtzehn, am Arsch!«

»Siebzehn«, sage ich. »Kann ich jetzt auch mal steuern?«

»Siebzehn«, stöhnt er.

»Wir könnten also was machen.«

»Jetzt mal halblang! Du bist vierzehn, wenn's hochkommt. Und an der nächsten Schleuse gehst du von Bord.«

»Warum?«

»Benimm dich.«

»Ich stör doch niemand. Oder stör ich Sie?«

»Wissen deine Eltern, wo du bist?«

»Natürlich.« Wir fahren den schnurgeraden Kanal hinunter. Die Sonne steht über dem Wasser, und ich rede und rede. Als ich den Eindruck habe, dass er aufgegeben hat, rede ich weniger, dann schweige ich. Wir blicken über das Gleißen und Blinken. Insekten summen durch das Führerhaus und wimmeln über die Frontscheibe. Dahinter gleiten Schwalben ohne Laut und Zeit, und ich sage: «Schön.«

Er schnaubt leise durch die Nase.

Wir fahren.

»Wirklich«, sage ich. »Das ist schön.«

Er nickt.

13.

In unendlicher Ferne überspannt eine winzige Brücke den Kanal, hinter der irgendwo die Schleuse liegen soll.

»Was denkst du, wie weit ist das weg? Wie lange brauchen wir bis zur Brücke?«

Ich betrachte den winzigen Gedankenstrich über dem Horizont. »Wenn Sie schon fragen: eine Stunde. Halbe Stunde.«

Er lacht und hebt einen unter schwarzer Haarwolle kaum erkennbaren Arm. Ein goldenes Uhrenarmband teilt die Wolle in zwei Hälften. »Guck auf die Uhr«, sagt er.

Er schenkt sich aus einer Thermoskanne Tee ein. Er sieht mich an. Ich schüttle den Kopf. Der Tee vibriert in der Tasse.

Er lehnt sich auf das Steuer und redet über den Unterschied zwischen Kaffee- und Teetrinkern. Er trinke nur Tee, sagt er, Kaffee verabscheue er, er habe die Kaffeeleute nie verstanden, und dann stellt

er eine Frage, die ich nicht verstehe, weil er mit beiden Händen das Steuer festhält und die Handgelenke dreht und ich im selben Moment in der Reflexion der Uhr, die von der Sonne herkommt, das gleiche Glänzen und Blinken erkannt habe wie auf den Schalthebeln und Zierleisten, wie in der Teetasse und auf dem Kanal, und er wiederholt seine Frage, die ich wieder nicht verstehe, weil ich mit überscharfer Klarheit nun sehe, wie das Gleißen und Glänzen überall im Führerhaus unsichtbar alles mit allem verbunden hat, den vibrierenden Tee, die verchromten Schalthebel, das Uhrarmband, das Blinken der Wellen und das vom Licht umstrahlte blonde Haar des Schiffers, und ich weiß, auch ich bin umstrahlt, und es wird deutlich, dass zwischen unseren Köpfen nun eine geheime, helle Verbindung besteht, eine aus Licht gemachte Röhre, durch die unsere Gedanken hin und her gehen wie ohne Mühe, und ich sage: «Spüren Sie das auch?«

»Das ist nur der Motor. Das macht er manchmal.«

»Ich meine –«

»Keine Angst, der berappelt sich wieder.«

Nach einem sehr langen Schweigen frage ich den Schiffer, was ich zuletzt gesagt habe, weil ich plötzlich nicht mehr sicher bin, ob ich nur gedacht oder laut gesprochen habe.

Er nippt an seinem Tee, zweimal, dreimal, schüttet den kalten Rest in seine Kehle, fragt: «Willst du deine Schätzung korrigieren?«, und zeigt grinsend auf die ferne Brücke.

»Was hab ich denn gesagt?«, sage ich.

»Halbe Stunde.«

Ich tue, als ob ich die Brücke noch einmal genau fixieren würde, und sage: »Jetzt noch eine halbe Stunde.« Ich hab jetzt begriffen, wie die Verhältnisse sind, will ihm aber seinen Triumph nicht verderben.

Ich gehe zum Bug und lege mich auf den heißen Metallplatten in die Sonne. Die Metallhitze nimmt ab, als ich lange liege, aber die Sonne wirft glühendes Metall von oben herunter.

Ich liege auf dem Rücken. Ich liege auf dem Bauch. Ohne Wind wäre es unerträglich. Das Kinn in beide Hände gestützt starre ich unter der Bugreling nach vorn. Wenn ich den Kopf rumdrehe, sind die Verbände wie zwei Schwanenflügel auf meinem Rücken.

Stunde um Stunde sinkt die Sonne, und als es schon dämmert, ist die Brücke am Horizont noch kein bisschen näher gekommen.

Schwarz liegen Büsche und Menschen am Ufer. In dunkelblauen Schatten unter dunklen Bäumen sehe ich das Glimmen von Zigaretten; ich höre Kichern und Gläserklirren.

Die Stimmen sind so klar, als säßen die Leute neben mir auf dem Schiff.

»Vielleicht ist er ja Ingenieur«, sagt einer, und ein anderer sagt: »Die alte Geschichte, genau wie wenn du einen Geländewagen hast.« Jemand widerspricht, aber nicht der Erste, und dann eine helle Stimme: »Vielleicht ist sie ja Ingenieur.« Gelächter. Langsam entfernen die Stimmen sich, werden leiser, zuletzt kaum hörbares Lachen, dann Stille und dann nur noch das am Bug kaum wahrnehmbare Surren des Motors, so gleiten wir in die Nacht, untermalt vom Plätschern der Wellen unten, Castor und Pollux über uns.

14.

Fast wäre ich schon eingeschlafen, da brüllt jemand am Heck: »Essen!«

Zwei Teller Chili stehen auf einem Tisch neben der Brücke. Ein Glas Wasser und eine Flasche Bier. Eine Petroleumlampe wirft vier Lichttrapeze in die Nacht, von denen eins am Ufer neben uns herfährt.

»Wie geht das denn?«, frage ich.

»Wie geht was denn?«

»Muss man nicht steuern?«

Er bricht ein Stück Weißbrot ab und stippt es ins Chili.

»Offenbar nicht.«

Ich sehe ins Führerhaus. Ich sehe auf den Kanal. Ich sehe den Mann an.

»Das Ding fährt von allein. Prakisch. Wenn einer entgegenkommt, muss man ein bisschen gucken. Aber mehr ist nicht. Fürs Essenwarmmachen reicht's. Und jetzt setz dich.«

Ich setze mich.

»Normal bin ich auch nicht allein. Normal ist man nie allein. Einer schläft, einer steuert. Aber meine Frau ist heute Morgen ins Krankenhaus.«

Er hält sein Bier mit Daumen und Zeigefinger am Flaschenhals.

»Aber fahren muss man ja trotzdem. Ich werde in vier Tagen in Rotterdam gelöscht.«

»Da ist es doch gut, dass jetzt noch einer da ist.«

Er sieht mich kurz aus den Augenwinkeln an.

»Wenn es so einfach ist mit Steuern, wo ist das Problem? Ich kann Ihr Partner sein. Ihre Partnerin.«

»Ein bisschen machst du mir Angst. Weißt du das?«

»Aber Sie brauchen einen, der steuert, wenn Sie schlafen.«

»Ich hab so Tabletten. Die sind mein Partner. Und zwei oder drei Stunden nach Mitternacht sind wir da. Dann legen wir an.«

Ich schweige. Ich esse mein Chili. Er hat wir gesagt. Das reicht mir fürs Erste.

Einige Minuten treibt nur das Ufer vorüber. Eine halbe Stunde, eine Stunde.

»Das kann ja noch ewig dauern. Geht Ihnen die Geschwindigkeit nicht auf die Nerven? Ich glaub, mich würd das wahnsinnig machen. Da würd ich ja den Motor mal ein bisschen aufbohren. Oder gleich einen neuen kaufen.«

»Das hilft nichts.«

»Mit mehr PS.«

»Hilft auch nichts.«

»Mich würd das wahnsinnig machen.«

»Weißt du, was 'n Verdränger ist? Der fährt in seinem eigenen Wellental. Und deshalb ist der so schnell, wie er ist. Der schiebt eine Welle vor sich her, und hinten ist auch eine Welle, und dazwischen fährt der. Und nicht schneller.«

»Ich hab aber schon schnellere Schiffe gesehen.«

»Ich auch. Aber das sind Gleiter, keine Verdränger. Die Polizei. Oder die Joghurtbecher, mit denen die Rentner im Sommer den Kanal verstopfen. Hängt alles von der Rumpfform ab. Ein Verdränger hat jedenfalls eine Maximalgeschwindigkeit.«

»Egal, wie viel PS man hinten reinmacht?«

»Egal, wie viel PS.«

»Wenn man fünf Millionen PS einbaut, wird das Boot immer noch nicht schneller?«

»Das ist Physik. Die Gesetze der Physik.«

»Sie verarschen mich doch.«

»Das kann man ausrechnen. Wie schnell ein Schiff fährt. Das hängt allein von der Wasserlinie ab. Vom Bug bis zum Heck.«

»Wie schnell ein Schiff ist, hängt von seiner Länge ab?«

Ich schweige. Ich esse mein Chili. Er hat wir gesagt. Das reicht mir fürs Erste.

»Nicht Bootslänge. Wasserlinienlänge. Wenn du bei so 'nem Verdränger mehr aufdrehst, als seine Wasserlinie zulässt, dann sinkt der immer tiefer in sein Wellental, damit kannst du dich praktisch selbst versenken.«

»Sie verarschen mich.«

»Die Formel ist vier Komma fünf mal Wurzel aus Wasserlinie. Das ist die Maximalgeschwindigkeit beim Verdränger. Und kein Stundenkilometer mehr.«

»Ich glaub, Sie verscheißern mich.«

»Nein.«

15.

»Es gab mal einen Bankraub«, sagt er. »In Berlin, von den größten Idioten, die haben in Charlottenburg eine Bank gemacht. Waren gerade frisch raus. Die wussten alles über Banken. Über Schiffe wussten sie dafür gar nix. Die Polizei war schnell zur Stelle. Da sind die beiden auf die Idee gekommen, ein Boot auf dem Kanal zu kapern. Mit dem sind sie geflohen. Ein Stoßboot, der Schlüssel steckte. Das war aber kein großes Glück, sondern große Scheiße. Das Ding fuhr wahnsinnig langsam ... Und der eine sagt: Gib doch mal Gas. Und der andere: Mach ich ja. Die haben sich da selbst versenkt. Der eine hieß Bangen, und er sagt: Eigentlich kann ich nicht so ganz gut schwimmen. Und das Letzte, was der andere von ihm sieht: Er geht über Bord.«

»Und dieser Bangen ist nie wieder aufgetaucht? Ich dachte, Wasserleichen kommen immer wieder hoch.«

»Ja, das stimmt. War aber eh ein komischer Typ.«

»Das ist doch Sülze. Das glaub ich alles nicht.«

»Die Polizei hat eine Woche mit Schleppnetzen den Kanal durchgeseiht. Ich sag nur die Wahrheit. Hast du nicht das kleine Kreuz am Bug gesehen? Und die Initialen G. B.?«

Ich denke lange nach, sehe die Gänsehaut auf meinen Armen, verschränke sie hinterm Rücken und sage: »Kann es sein, dass dieser Bangen seinen Teil an diesem Schiff hat?«

Der Schiffer lächelt. Er legt mir die Hand auf die Schulter, sieht zur Seite und sagt nichts. Das Lächeln verschwindet. Ich glaube kein Wort. Er verarscht mich. Er ist auch zu nett.

»Kein Wort glaube ich«, sage ich.

Er zuckt die Schultern und kratzt mit dem Löffel das letzte Chili aus dem Teller. Dann knöpft er das Hemd auf und zeigt seinen Bizeps. Auf dem Arm ist ganz schlecht ein dreidimensionales Kreuz auftätowiert, darunter ein Herz, darunter ein Anker. Und darunter ist eine kraterförmige Narbe.

»Das ist ein Einschussloch.«

Er dreht den Arm, damit ich die andere Seite sehen kann, und da ist auch eine Narbe. »Ausschussöffnung.«

»Und?«

Er lehnt sich zurück, schiebt den Teller weg und sagt: »Ich erzähl dir jetzt was, was ich noch keinem Menschen erzählt hab. Denn woher weiß ich das mit den Bankräubern? Siehst du, das weißt du nicht. Weil ich einer von den beiden war.«

»Und welcher?«

»Ja, spotte nur. Aber das ist zwanzig Jahre her und verjährt, und ich war der eine. Stand in allen Zeitungen. Hiller und Bangen. Das hatte einen Klang wie Sacco und Vanzetti. Da musst du nicht so gucken. Kannst du googeln. Oder wenn du das nicht googeln kannst: In den Pressearchiven ist das alles noch. Jede Zeitung hatte ihre Sonderseite mit uns.

Max Hiller auf der Flucht! Wochenlang. Bangen ertrunken. Hiller untergetaucht. Hiller in Britz gesichtet, König der Diebe mit Fahrrad ausgekniffen. Bankräuber Max Hiller ist nicht zu fassen! Ich war berühmt.«

Ich starre ihn an und versuche zu erkennen, ob er mich verarscht. Sein Gesicht ist ganz ernst.

»Also, das waren Sie wirklich? Sie waren wirklich mal berühmt?«

»Bin ich noch heute. Frag Ältere.«

Ich schaue die Narbe aus der Nähe an, vorne, hinten. Sieht aus wie ein Ausschussloch, fühlt sich auch so an. Jedenfalls, wie ich mir das vorstelle. Ich glaub's trotzdem nicht.

»Sie waren im Wasser am Schwimmen, und die haben auf Sie geschossen?«

»Vorher.«

»Und Sie sind aber nicht geschnappt worden?«

»Offenbar.«

»Das glaub ich ja wohl kaum.«

»War aber so.«

»So einfach stellen Sie sich das vor? Ich kenn das nämlich auch vom Fernsehen. Die kommen nie durch.«

»Du lässt dich wohl nicht so leicht verarschen, was?« Er grinst und guckt plotzlich ganz ernst. »Pass auf, wenn du mal eine Bank überfallen willst, kann ich dir einen Tipp geben. Nimm dir zwei Paletten Konserven, leg dich in einen dunklen Keller und tu nichts. Gar nichts. Nach zwei Monaten ist das Gröbste überstanden. Das ist das Schwierigste. Zwei Monate. Daran scheitern die meisten. Banken ausrauben kann jeder. Die haben ja Anweisung, dir sofort alles Geld entgegenzuschmeißen. Aber Untertauchen kriegt kaum einer hin. Die eine Hälfte schnappen sie am Flughafen und die andere irgendwo beim Geldverprassen.«

»Und wann kann ich raus aus dem Keller?«

»Wenn dich keiner mehr kennt. Und dann gehst du raus.«

»Und dann?«

»Beobachtest du noch ein paar Wochen lang den Bahndamm, wo das Geld vergraben ist. Aber du gräbst es erst mal nicht aus. Und das brauchst du auch nicht. Der Keller hat dir zugesetzt. Du bist fast wahnsinnig geworden. Du hast alles richtig gemacht. Du kannst warten. Und die Stelle im Wald, wo du immer wieder hingehst, um von da aus den Bahndamm zu beobachten, ist auch ganz schön. Du fühlst dich da wohl. Du bist reich, und nichts wird was daran ändern. Es ist immer da. Du kannst eine Thermoskanne und eine Stulle mitnehmen. Und du weißt, da ist es. Der Einzige, der den Verbrecher Hiller kennt, ist tot. Das ist ein tolles Gefühl.

Und du hast Zeit. Du weißt, die Zeit arbeitet für dich. Und dann stehst du neben den Schienen, und du siehst in die eine Richtung und die andere, und dann gehst du in die Stadt und suchst dir eine Arbeit. Du kriegst deinen Lohn. Und dann arbeitest du und steckst das saubere Geld in deine Taschen und mietest eine Wohnung. Und errichtest eine bürgerliche Fassade. Du lernst eine Frau kennen. Und du pflanzt Blumen auf deinen Balkon.

Nur Kinder fehlen noch zur Fassade. Aber du willst keine. Und Kinder würden stören. Zum Glück mag deine Frau auch nicht. Perfekt. Eine fabelhafte Frau, und du schenkst ihr ein Schlafzimmer, ein piekfeines Schlafzimmer aus echter Eiche, Riesenschrank, riesige

Spiegelwand, eins a. Und alles vom im Schweiße deines Angesichts verdienten Geld. Noch superperfekter.

Und dann liegst in deinem superperfekten Bett und denkst nach. Du hörst auf die Geräusche auf der Straße, ein Betrunkener grölt, und ein Tier schreit, und du hörst dein Herz klopfen. Auf dem Rücken liegst du in der tiefsten Nacht und starrst auf den Wandspiegel, in dem es auch tiefste Nacht ist, und nur hin und wieder huschen Schatten über die Decke, wenn draußen ein Auto in deine Straße einbiegt, mit brummendem Motor näher kommt, leiser wird, immer leiser, dann plötzlich lauter und weiterfährt. Neben dir liegt friedlich deine Frau, die nichts von was weiß, und du bist auch friedlich, und das ist die Stunde der Nacht, in der das Nachdenken am schlimmsten ist. Denn dann denkst du, ob du bisher einen Fehler gemacht hast. Aber Nacht für Nacht findest du keinen Fehler, und das ist die Stunde, wo es am schwierigsten ist, das Geheimnis zu bewahren. Es will raus wie eine Fliege, die gegen das Fensterglas tobt und Stunde um Stunde den weit aufgesperrten Fensterflügel daneben nicht findet, bis sie ihn zufällig findet.

Und eines Nachts hältst du es nicht mehr aus, du legst deiner Frau eine Hand auf die Schulter, rüttelst sie wach, und du sagst ihr, dass ihr reich seid: Wir sind reich. Und da guckt sie dich an und sagt: Ich weiß. Und macht die schwarzen Augen zu, dreht sich auf die Seite und schläft. Und da gehst du auf den Balkon und rauchst eine Zigarette. Du rauchst eine ganze Schachtel. Und am Morgen hat sie alles vergessen.

Und du hältst die Klappe. Und nach dem Frühstück gehst du zur Arbeit. Du arbeitest wie immer, und am Abend kommst du zurück. Tag für Tag gehst du weiter zur Arbeit, Tag für Tag, Jahr für Jahr. Und jeden Morgen grüßt dich der Pförtner: Hiller, sagt er, und am Abend sagt er noch mal: Hiller, und wenn du heimkommst, sagt deine Frau Mäxchen zu dir, und dann steht das Essen auf dem Tisch, und deine Frau wischt sich die Hände an der Schürze ab.

Um acht macht ihr den Fernseher an, und ihr esst. Jeden Tag. Jeden Morgen, jeden Abend, und du weißt, dass das dein Leben ist, denn das ist der Plan, und Tag für Tag fahren die Züge über den Bahndamm.

Ein schönes Leben. Mein Leben, denkst du. Doch dann wird dein Betrieb zerschlagen, und du wirst entlassen. Der Pförtner auch. Der

»… und eine Frau ist stolz auf dich,
und deine Frau ist schön, und
klug ist sie auch, du bist auch stolz
auf dich, und ihr werdet Parti-
kuliere und fahrt Kies und Mais und
Kohle nach Rotterdam. Das ist das
Schönste, was es gibt.«

Pförtner ist Vollalki und landet sofort auf der Straße. Und du? Du nicht. Du hast nie viel verdient, aber du hast auch nie viel ausgegeben. Du hast, was ging, auf die hohe Kante gelegt. Deine Frau hat auch gearbeitet, und von eurem Geld, da kauft ihr ein schönes Schiff von. Jedenfalls habt ihr gerade mal so viel, dass ihr die Anzahlung schafft. Und deine Frau will, dass das Schiff Daniela heißt, weil das ihr Name ist. Und das kostet noch ein paar Tacken, weil das doch schöne Buchstaben sein sollen, und weiß hast du die selbst lackiert, und so hast du deine Frau noch nie weinen sehen, wie als du zum ersten Mal den Motor angelassen hast. Und das ist die ganze Geschichte. Und eine Frau ist stolz auf dich, und deine Frau ist schön, und klug ist sie auch, du bist auch stolz auf dich, und ihr werdet Partikuliere und fahrt Kies und Mais und Kohle nach Rotterdam. Das ist das Schönste, was es gibt.«

»Und?«

»Und das findet meine Frau auch.«

»Das war's?«

»Das war's.«

Ohne mich anzusehen, nickt er.

»Ja, das war's.« Er legt den Kopf in den Nacken und sieht hoch.

»Nein.«

»Doch.«

Die Nacht gleitet vorüber.

Er stützt sein Kinn in eine Hand, malt mit der anderen Linien auf den Tisch.

Ich hole mein Notizbuch raus, lege es vor mich hin und klappe es auf.

Er legt seine Hand vor sich auf den Tisch. Dann legt er sie vorsichtig auf meine Hand, aber mehr wie aus Versehen. Und dann legt er sie auf mein Tagebuch und klappt es zu.

»Nein!«, sagt er tonlos und sieht weit über meinen Kopf hin in die Nacht, sodass ich Gelegenheit habe, sein Gesicht genau zu studieren, während er noch leiser als vorher redet.

»Nein, das war's natürlich nicht. Natürlich nicht. Weil du natürlich Albträume hast. Jede Nacht hörst du die Züge über den Bahn-

damm fahren, lange Züge, kurze Züge, immer das gleiche Rauschen, Nacht für Nacht hörst du die Züge, mit geschlossenen Augen und mit offenen Augen siehst du die Züge an dir vorbeifahren, Zug um Zug, Schiffe und Züge ... erst sind es noch Träume. Dann sind es Albträume, und mindestens einmal in jedem Jahr, meistens im Sommer, gehst du noch hin und guckst den Bahndamm an. Ob du die Stelle noch findest. Zehn Jahre lang.

Und zehn Jahre lang, wenn du nachts die Augen aufschlägst, weißt du, die Züge fahren noch immer, und immer noch sitzt auf der andere Seite des Bahndamms ein Mann, der dich beobachtet und der nur darauf wartet, dass du anfängst zu graben, und plötzlich stürzen 200 Polizisten in Tarnanzügen und mit Laub auf ihren Köpfen und schwarz gemalten Gesichtern aus dem Gebüsch.

Und dann eines Tages kommt der Tag, der alles entscheidet. Und das ist der Tag, wo du auf einmal weißt: Du bist allein, und der andere ist nicht mehr da. Und er war niemals dort. Und du gräbst ein kleines Loch neben den Bahndamm, während ein Zug an dir vorbeifährt, und dass die Leute dich anstarren, macht dir nichts mehr, du bist einfach nur ein Mann, der aus der Erde einen blauen Kanister ausgräbt, und schon haben sie dich vergessen, und du weinst, und du schluchzt. Und das ist auch der Tag, an dem du zum letzten Mal an Bangen denkst und daran, was für verblödete Idioten ihr wart, und du liegst mit dem Gesicht zur Erde neben dem Bahndamm.«

»Ist das wahr?«

»Natürlich ist das wahr, so wahr, wie ich Max Hiller heiße, so wahr wie das Wasser, auf dem wir fahren, und so wahr wie die Tatsache, dass ich nicht eine müde Mark davon gehabt hab. Nichts. Die ganze Sore ist mit dem Schiff gesunken. Mit allen meinen Sachen, mit meinen Ausweisen, die in der Tasche waren, zum Glück, mit meinem Schlüssel, mit meinem Freund Bangen und dem Schiff zusammen: hat alles der Fluss genommen.«

Er sieht an mir vorbei aufs dunkle Ufer. Dunkle Pappeln treiben an uns vorüber.

16.

Ich schleiche ins Führerhaus und greife das Steuerrad.

»Spielst du Kapitän?«, ruft eine Stimme von draußen.

»Schiffer.«

»Aha, Schifferin.«

Er stellt sich neben mich. Gemeinsam sehen wir hinaus.

»Können Sie auch mit einem Sextanten umgehen?«

»Hamwa nicht.«

»Aber können Sie damit umgehen?«

»Bedaure, Sextanten sind in der Binnenschifffahrt eher ungebräuchlich.«

»Aber könnten Sie?«

»Warum willst du das wissen?«

»Weil ich Männer, die mit Sextanten hantieren, immer verdammt attraktiv finde.«

Das finde ich wirklich. Das denke ich mir nicht nur aus, um noch länger an Bord zu bleiben.

»Kennst du viele davon?«

»Nein – nein. Aber das weiß man doch. Ich meine, aus Filmen. Am Horizont sieht man Hunderte Masten, die spanische Armada. Oder eine andere Flotte. Aber meistens ist es die spanische Armada. Francis Drake zieht die Augenbrauen zusammen, peilt über den Sextanten, sagt: ›Männer!‹, und sofort ist vom kleinsten Hilfsmaat bis zum Vorschotführer allen klar: Er hat die Lage im Griff, man muss sich keine Sorgen mehr machen, und die Mannschaft macht sich sowieso keine Sorgen, sie kennt ja ihren Käpt'n. Im Gegenteil, die freuen sich, und deshalb versenken sie die Spanier auch, und das finde ich attraktiv.«

»Und wenn die Spanier auch Sextanten besitzen?«

Ich muss einen Moment nachdenken. »Ja, das sieht bei denen wahrscheinlich auch nach was aus. Aber die Engländer sind besser. Die sind mir jedenfalls lieber.«

»Sie machen aber auch die besseren Filme. Das verfälscht vielleicht das Bild ein bisschen.«

»Und sie haben die Queen! Und wenn ihre Männer verlieren, sagt die: ›God may forgive you, but I never will.‹«

»Das wäre auch attraktiv? Und die Queen wärst du, vermute ich.«

»Natürlich. I will make you shorter by the head«, sage ich und sehe in die Ferne, als wären wir auf dem Meer und nicht nur auf diesem kleinen Kanal.

»Du hast ja einen ganz schönen Knall.«

»Wieso? Ist doch nur 'n Film.«

»Es wirkt auf mich aber ein bisschen, als wäre das mehr als ein Film.«

Ich denke nach. »Das stimmt«, sage ich. Aber ich weiß nicht genau, was ich damit meine.

»Nur bei einem Italiener würde ich nie an Bord gehen. Sie sind nicht zufällig Italiener?«

»Meinst du das wirklich so, oder ist das nur der dreißigste Versuch, mich anzugraben?«

Er sieht mich von der Seite an. »Aber immerhin hast du recht, was Itaker betrifft. Nie mit Itakern auf ein Schiff, und auch nie mit Itakern ins Bett. Egal, wie viele Sextanten sie in ihren Taschen haben.«

»Gilt das auch in der Binnenschifffahrt?«

»Das gilt überall. Einem Itaker würde ich nicht mal mein gelbes Schwimmentchen mit in die Badewanne geben. Ich weiß nicht, wie er es macht, aber wenn er aus der Wanne steigt, ist die Ente gesunken und im Abfluss verschwunden.«

Ich schaue lange in seine schmalen Augen und kann nicht rausfinden, ob er das ernst meint oder nicht. Wahrscheinlich schon ernst, ich mein es ja auch ernst.

Wir unterschiffen eine Brücke, und er sagt: »Noch gut acht Kilometer. Dann kommt die Schleuse. Dahinter legen wir an.«

»Ich will weiter mitfahren.«

»Das könntest du von mir aus sehr gern tun«, sagt er ganz freundlich. Nicht auf die Erwachsenenart freundlich, sondern wirklich freundlich. »Ich mag dich. Aber das geht nicht. Irgendwo sitzt jemand und macht sich Sorgen. Und die Konsequenz daraus ist leider: Du musst nach Hause zu deinen Eltern. Du kannst nicht allein rumrennen. Du musst noch ein paar Sachen lernen. Reisen bildet, aber du brauchst mehr, und das kriegst du nur da, wo es dir nicht gefällt und wo sich jemand Sorgen macht um dich, und deshalb –«

Meine Füße zucken.

»Kann ich dich nicht mitnehmen.«

»Meine Eltern sind tot«, sage ich.

»Nimmst du Medikamente?«

Ich reiße meinen Blick weg, eine halbe Sekunde zu spät, drehe den Kopf sofort zurück, er schaut schon wieder ruhig über den Fluss.

Ich sehe ihm von vorn in das braunrot gebrannte Gesicht.

»Ich hatte mal eine Freundin ...«, sagt er. »Egal. Aber wenn du wirklich keine Eltern oder Angehörigen hast, irgendeinen Betreuer hast du, irgendwo ist einer verantwortlich für dich, und in dessen Haut will ich nicht stecken.«

Unter der Laterne ist es am dunkelsten, denke ich. Ich sage: »Dr. Gelberbloom.« Weil ich unbedingt noch weiter auf diesem Schiff mitfahren will.

»Alles geht vorüber, und schön ist das nicht. Die Welt ist schön. Aber dass alles vorübergeht und es keinen Halt gibt, ist nicht schön. Das ist meine Meinung, und jetzt muss ich den Quirl anschalten, es wird dunkel.«

Er geht ins Führerhaus und winkt mich zu sich. Er erklärt mir das Radarbild, das plötzlich mattgrün vor mir aufleuchtet. Er erklärt mir den Kurs, das Steuer und den Hebel für das Bugstrahlruder.

»Und dahinten kommt gleich die Schleuse. Da gibt es ein kleines Bootshaus, da trinken wir noch einen Absacker, und dahinter ist auch die Schifffahrtspolizei, und da geben wir dich ab. Weil deine Eltern garantiert schon umkommen vor Sorge.«

Er sieht aus, als glaube er das selbst nicht.

»Ich bin froh, dass wir uns kennengelernt haben«, sage ich.

Als wir anlegen, wirft der Käpt'n mir ein Tau zu, das ich um einen Poller legen soll. Ich lege es um den Poller und laufe davon, in die warme Nacht hinein.

Wolfgang Herrndorf

MOMENTAUFNAHME: PARIS

Das also bist du, Stadt der tausend Fabeln.
– Am *Gare du Nord* taucht Filmkulisse auf.
Noch bin ich fremd und denke in Vokabeln.
Paris, sei gut zu mir und tu dich auf!

Nun, heimwärts, fällst du mir im Dämmer ein:
Die großen Kirchen, winzigen Spelunken,
Der erste Café-Crème, am Zinq getrunken,
Die Seine-Ufer im Laternenschein.

Ihr kleinen Mädchen auf den Métro-Bänken,
Du Strohhut-Cavalier mit Vorkriegsbart.
Doch muß ich auch der Miß im Louvre denken:
»Oh, look this picture! Rembrandt? Very smart.«

Verschlafene Frühe in Montmartregassen,
Die Fensterkatze auf kariertem Bett,
Und morgengrau verlassner *Bal musette*
Mit welkem Strauß und leergetrunknen Tassen ...

Ich fand dich anders, als im Buch beschrieben.
Im Reiseführer fehlte das und dies ...
– Doch zu den Millionen, die dich lieben,
Zähl bitte auch *M. K.* hinzu, Paris!

Mascha Kaléko

Das große Los

LIEBE ELTERN,

vor 40, 45 Jahren habt Ihr eine Sache richtig gut gemacht und eine Sache eher schlecht, glaube ich. Die gute: Ihr habt mich ziehen lassen, und zwar ziemlich früh. Euer Aufzuchtsprinzip war konsequente Freilandhaltung. Mit sieben oder acht war ich jeden Tag für ein paar Stunden verschwunden, und Ihr hattet keine Ahnung, wo ich war. Vielleicht bei Pfaus auf der anderen Straßenseite oder in der Backstube von Dörner für warme Kuchenkanten oder hinten im Lager oder bei den Stachelbeerbüschen oder heimlich im Nachbarsgarten, keine Ahnung – das Kind würde schon wieder auftauchen, wenn es Hunger hat.

Ihr habt mich Pfeil und Bogen schnitzen und damit schießen lassen, Ihr habt mich sieben Kilometer zur Schule radeln lassen, Ihr habt nicht mal gezuckt, als ich im letzten Schuljahr ganz allein mit dem Rad durch Südengland fahren wollte – Ihr habt mich einfach nach Hamburg zur Englandfähre gebracht und hinterhergewinkt. Dass Ihr Euch um mich nie gesorgt habt (oder es Euch zumindest nicht habt anmerken lassen), habe ich nie als achtlos empfunden, ganz im Gegenteil: Es war der größte Liebes- und Vertrauensbeweis, den ich mir wünschen konnte. Lass sie nur machen. Ihr wart mein Rückenwind. Kann einem etwas Besseres passieren als Kind, als Teenager, als Erwachsene?

Und das, obwohl ich damals wie heute jede Menge merkwürdiges Zeug gemacht habe, das Euch garantiert oft in Verständnis- und Erklärungsnöte gebracht hat. Irrlichternde Interessen, brotlose Studien, problematische Lieben, bauchgetriebene Karrierestrategien (und von der Reportage im Swingerclub fangen wir besser gar nicht erst wieder an). Ich glaube, ich war für Euch immer wie ein seltsames Tierchen, das man am besten an der sehr langen Leine führt. Oder

noch besser: ganz ohne Leine laufen lässt, denn die wird sowieso nur durchgenagt. Dafür liebe ich Euch sehr, denn ich glaube, nichts hat mich mehr geprägt als dieses gelassene Zutrauen von Euch, dass alles schon irgendwie gut gehen wird.

Wieso komme ich gerade darauf? Weil ich gestern in einer Situation war, die Euch vermutlich in den Wahnsinn getrieben hätte. Denn das wirklich Bemerkenswerte an Eurer Lange-Leine-Erziehung war, dass Ihr selbst Euch diese lange Leine nie gegönnt habt. Keine Ausbruchversuche, keine Risiken, keine Sehnsucht nach dem Unbekannten. Seit 41 Jahren im selben Ferienort, im selben Hotel, im selben Zimmer. Genau wissen, wie dort der Schrank aussieht und in welche Schublade die Socken kommen. Die Fremde nur zu lieben, wenn man sie so gut kennt, dass sie alles Fremde verloren hat – das war Euer einziger Fehler, glaube ich. Was Euch entgangen ist! Was Ihr verpasst habt an Erlebnissen, Entdeckungen, Erkenntnissen! So schade.

Natürlich ist es immer sinnlos, andere zur eigenen Version von Glück bekehren zu wollen, das gilt für Eltern ebenso wie für Kinder. Ihr wolltet es nie anders. Und ich immer. Umso wunderbarer, dass Ihr mir stets erlaubt habt, so weit zu laufen, wie ich wollte. Aber jetzt zu der Situation von gestern: Ich wollte einen Leserauftrag erfüllen. Ein Landschaftsarchitekt hatte mich angeschrieben, der am Bau des Neuen Botanischen Gartens Chenshan beteiligt war. Der liegt etwa 30 Kilometer südwestlich des Zentrums von Shanghai: »Könnten Sie bitte mal rausfahren und nachschauen, wie es den Pflanzen geht?«

Aber gern! Ich wollte sowieso mal Grün sehen. Von der S-Bahn-Station Sheshan sollte man angeblich mit kostenlosen Leihrädern in den Park fahren können. Nach einstündiger Fahrt stieg ich aus und stellte fest: keine Räder. Ich stand ratlos da. Ein junger Chinese, der mit mir ausgestiegen war, sprach mich radebrechend auf Englisch an: »Wo wollen Sie denn hin?«

Er bot an, mich in seinem Wagen zum Park mitzunehmen. (Ich sehe Euch schon blass werden, aber er war ein Spätzchen, ich hätte ihn zwischen Daumen und Zeigefinger zerquetschen können.) Nach einer viertelstündigen Fahrt ließ er mich vor einem Tor aussteigen, wir verabschiedeten uns. Es brauchte ein bisschen, bis ich gemerkt habe: Das ist ein ganz anderer Park als der gesuchte.

Super.

Wenn ich mal zusammenfassen darf: Ich bin irgendwo im Nirgendwo an einer schwach befahrenen Straße. Ich habe nicht die geringste Ahnung, wo ich eigentlich bin und wie ich wieder wegkomme. Ich habe keinen Handyempfang, also kein GPS, und keine Landkarte. Es ist Nachmittag, in zwei, drei Stunden würde es dunkel werden. Ich spreche außer ni hao (Guten Tag) und xie xie (danke) kein Wort Mandarin, und 99,9 Prozent aller Chinesen sprechen kein Wort Englisch. In diesem Fall egal, denn weit und breit ist sowieso kein Mensch zu sehen.

Ich gehe ein paar Hundert Meter die Straße entlang zu einer einsamen Bushaltestelle: Wohin fährt der Bus? Keine Ahnung, nur Schriftzeichen. Und wenn ich die lesen könnte, wäre ich auch nicht schlauer.

Und jetzt?

Jetzt überkommt mich zum ersten Mal auf dieser Reise wirklich das Gefühl, ganz weit weg zu sein. Ich weiß nicht, wo ich bin, niemand weiß, wo ich bin, ich bin nur ein Mensch in einer Landschaft (schön grün übrigens) und sonst nichts. Ich kann Euch das vermutlich nur schwer begreiflich machen, aber es war ein absoluter Glücksrausch, als mir das klar wurde. Ein Gefühl von purer Freiheit und Leichtigkeit. In mir keine Angst, keine Panik, sondern einfach nur die helle, existenzielle Freude am Dasein.

Ich stehe irgendwo auf diesem Planeten, und alles ist gut. Ich höre die Vögel singen und die Bäume rauschen, und alles ist genau richtig so. Ich bin, glaube ich, zum ersten Mal auf dieser Reise wirklich ganz bei mir. Endlich angekommen: ich, jetzt, hier. Kein Nachdenken über das Bevorstehende oder das gerade Passierte, sondern einfach nur Jetztjetztjetzt. Alle Leinen gekappt.

Es war absolut großartig. Und zwar vor allem, weil ich wusste, dass es irgendwie weitergehen würde. Was ich Euch zu verdanken habe, glaube ich, ist diese unerschütterliche Überzeugung, dass ich mir immer selbst zu helfen weiß. Dass ich mich in jede beliebige Situation hineinbegeben kann und wieder herauskomme. Ein Münchner Arzt sagte mir mal seine Definition von Fitness: »Sich selbst managen zu können.« Er meinte es körperlich: dass man sich zum Beispiel am Dach entlanghangeln könnte, wenn es mal brennt. Ich meine es seelisch: dass man ohne Angst durch die Welt geht. Und dass man weiß: Et hätt noch immer jot jejange.

So war es natürlich auch dieses Mal. Nach einer halben Stunde erschien in der Ferne ein einsamer Rikschafahrer. Es war wie im Film. Ich winkte ihm, er hielt an. Er sprach kein Englisch, aber egal. Ich habe in mein Notizbuch einen krakeligen S-Bahn-Zug gemalt und die Zahl 9, denn mit der Linie 9 war ich gekommen.

Er nickte, ich stieg in die Rikscha. Hat er mich verstanden?

Wird schon klappen, dachte ich. Und wenn nicht, dann klappt was anderes.

Meine New Yorker Freundin Ruth sagt immer: »Everything is okay in the end. If it's not okay it's not the end.« Eine blöde Situation ist immer nur ein Zwischenschritt, und am Ende ist alles gut.

In diesem Fall war das Ende: die S-Bahn erreicht, den Rikschafahrer fürstlich entlohnt, zwei Stunden spärer in Shanghai auf dem Heimweg eine Suppe mit handgezogenen Nudeln gegessen und ein Bier getrunken und den Tag rot im Kalender markiert.

Oh happy day.

Und zwar einer von sehr vielen, denn zu meiner großen Verblüffung finde ich es sensationell hier. Shanghai hat mir, obwohl es von Indien kommend keinen großen Zeitzonensprung gab, den vermutlich größten und willkommensten Jetlag dieses Jahres beschert. Mumbai ist Deutschland viereinhalb Stunden voraus (vorher wusste ich nicht, dass es auch halbe Zeitzonen gibt), Shanghai sieben, aber in Wirklichkeit war der Transit eine Zeitreise vom tiefsten Mittelalter in eine gleißende Science-Fiction-Zukunft.

Ich fühlte mich in die Anfangsszenen von Blade Runner versetzt: Wälder von futuristischen Hochhäusern mit gigantischen Werbevideoschirmen, fliegende Autos, unten in den Straßen wuselndes Chaos, flackernde Neonzeichen, 24-Stunden-Straßenimbisse ... Es ist, als ob Shanghais Stadtplaner den Film gesehen und gesagt haben: Schick, genau so bauen wir das nach. Und das mit den fliegenden Autos kriegen sie in den nächsten paar Jahren (die Story spielt im Jahr zorg) auch noch hin.

Und die Geschwindigkeit, meine Güte! Shanghai wächst wie Bambus, man kann fast dabei zugucken. An meinem zweiten Tag stand ich am Bund, der berühmten Uferpromenade mit prächtigen Bank- und Versicherungspalästen aus den Goldenen Zwanzigern, blickte über den Huangpu-Fluss nach Pudong hinüber, das Manhat-

tan von Shanghai, und dachte: New York kann einpacken.

Neben mir stand Julia, eine mit einem Chinesen verheiratete deutsche Gitarrenlehrerin, die seit zwölf Jahren in der Stadt lebt und mir über mein Blog zugelaufen war, kramte in ihrer Tasche und sagte: »Moment, ich muss mal kurz fotografieren. Ich war ein paar Wochen nicht hier, und da drüben stehen schon wieder zwei neue Wolkenkratzer.«

Meinen Plan, jeden Monat woanders zu leben, könnte ich für den Rest des Jahres auch ganz einfach hier erledigen: Die Stadt wechselt sich praktisch ständig selbst aus.

Und trotzdem habe ich den Eindruck: Da ist ein unveränderbarer Kern. An meinem ersten Wochenende war Qing Ming Jie, der chinesische Totengedenktag. An diesem Tag werden traditionell die Gräber der Ahnen gefegt, aber die ganze Sache ist bei Weitem lustiger als unser Totensonntag. Es ist eine Art Party an Opas Grab, man hockt lustig mit einem Picknickkorb und ein paar Sixpacks rund um einen Ghettoblaster auf dem Friedhof und bringt den Toten die Dinge mit, die sie schon zu Lebzeiten gemocht haben: Schnaps, Süßigkeiten, Spiele. Was ich persönlich eine Spitzenidee finde. Habe ich je im Leben einen Kranz mit Schleife haben wollen? Warum also sollte ich ihn als Leiche wollen?

Im Jing'an-Tempel wurden bündelweise Räucherstäbchen abgebrannt, Äpfel vor der sechs Meter hohen Bodhisattva-Statue aus Kampferholz abgelegt, gemeinsam Alufolienkistchen für die Grabgaben gebastelt und Yuan-Münzen in den großen Bronzepott geworfen, zu Ehren Buddhas. Immer wenn es jemand schaffte, brandete bei den Umstehenden dezenter Torjubel auf. Warum machen andere Religionen eigentlich immer mehr Spaß als unsere?

Ich musste wegen Fukushima ja schnell umdisponieren. Ich hätte erst im Mai hier sein wollen, mein Apartment war für die erste Zeit noch nicht frei. Ich zog also zunächst in ein kleines 26-Zimmer-Hotel in Jing'an, zentral, aber ruhig in einer idyllischen Platanenallee. Das URBN könnte genauso gut in Europa stehen: ein Boutique-Ökohotel, gebaut aus recycelten dunklen Holzbalken und den Schieferböden abgerissener Shikumen-Häuser; sehr schlicht, sehr schön. Und für China eine absolute Abnormität.

Als Jiangping, Julias Mann, mich einmal abholte, schüttelte er nur verächtlich den Kopf. »Das soll ein Hotel sein? Warum ziehst du nicht ins Hyatt, in ein Zimmer im 83. Stock? Warum nicht in eines der 680 Zimmer des Sheraton? Das ist toll, aber doch nicht so ein ... so ein ...« Er rang nach Worten.

Schon verstanden: Klein ist hier nicht fein.

Wir gingen zu dritt essen, Jiangping, Julia und ich. Wahnsinnig angenehm, denn Speisekarten sind in den meisten Restaurants natürlich auf Mandarin. Aber selbst gelegentliche englische Übersetzungsversuche helfen nicht wirklich weiter: Old dopted mother eleusine liest man da oder Tile fish homesickness oder Acid, cowpea flashy foam. Was zum Teufel soll das sein? Meist stehen zwar Fotos in Technicolor-Farben dabei, aber auch die sind in der Regel wenig aufschlussreich. Giftgrünes makkaroniförmiges Gemüse und undefinierbar gelatinöse ochsenblutrote Würfel in einer braunen Flüssigkeit – das kann alles Mögliche sein.

Trotzdem mag ich das Gefühl der sprachlichen Orientierungslosigkeit bis jetzt sehr gern. Es sollte für mich als Schreibhandwerkerin ja eigentlich die Hölle sein, stattdessen empfinde ich es als angenehm befreiend, einfach mal nur mit dem Finger auf Dinge zeigen zu können und zu schauen, was man bekommt. Trial and error, ein schönes Spiel, ob im Restaurant oder im Supermarkt. Denn was sich in den Verpackungen befindet, kann ich nur raten. Ich kaufe auf gut Glück; mal mag ich, was drin ist, mal nicht. Mir gefällt dieser Zustand der Ahnungslosigkeit, der Unzuständigkeit. Endlich mal nicht Bescheid wissen müssen, blutiger Anfänger sein dürfen in einer brandneuen Welt: herrlich!

Probiert habe ich es natürlich trotzdem mit der Sprache. Nach dem großen Spaß, den ich mit Spanisch in Buenos Aires hatte, dachte ich: Mandarin wird schon nicht so schwer sein, wie alle immer behaupten. Ich habe mir eine Privatstunde bei einer Chinesin namens Emily organisiert. Emily? Fast alle jungen Chinesen, die mit Ausländern zu tun haben, geben sich westliche Namen, die so ähnlich klingen wie ihre chinesischen, um es den Langnasen einfacher zu machen. Aus Jie Song wird Jason, aus Hao Le Holly.

Ich habe mir immer etwas darauf eingebildet, einigermaßen sprachbegabt zu sein. Jetzt weiß ich: nö. Bin ich nicht. Zumindest

nicht mandarinbegabt. Die Aussprache! Die Intonation! Gute Güte, was habe ich mir schon bei einfachen Sätzen wie *wǒ yě hěngao xìng rènshi nǐ* einen abgebrochen (»Freut mich, Sie kennenzulernen«). Intonation ist unabdingbar, weil Wörter je nach steigendem oder sinkendem Ton völlig unterschiedliche Bedeutungen haben. Beispiel: *wēn* heißt warm, *wén:* lächeln, *wèn:* fragen, *wěn:* küssen. Und das R! Das berühmte chinesische R! Von wegen, Chinesen können kein R sprechen, ich kann das nicht! Emily ließ nicht locker. Als ich schon längst wimmernd in der Ecke hockte, ließ sie mich wieder und wieder dieselben Laute aussprechen. Und ich kriegte es einfach nicht hin, die Zunge versagte, der Rachen, das Hirn. Noch nie war ich über das Ende einer Unterrichtsstunde so froh.

Aber zurück zum Essen mit Jiangping und Julia. Was ich nicht ahnte: Dinnereinladungen in China sind Beeindruckungsrituale. Allein die Bestellung war ein ausgedehntes Palaver über Herkunft, Frischegrad, genaue Zubereitungsweise, verwendete Gewürze. Mehrere Kellner waren involviert, dann musste der Koch antreten – ganz große Oper, das Menü: ein kulinarisches und medizinisches Meisterwerk. Es gab Kugelfisch (»Du musst die Schuppen mitessen, das ist gesund!«), dong chong xia cao (Raupenpilz; antidepressiv und aphrodisierend zugleich) und andere sündteure Sachen. Von Abalone, einer Meeresschnecke, konnte ich Jiangping abhalten – eine Order für einen Tisch kann schnell mal in die Hunderte gehen, so viel wusste ich schon.

Zuvor hatte ich ein bisschen Schiss vor chinesischem Essen. Eine der besten Küchen der Welt, und man kommt sich immer wie ein Banause vor, wenn man vor den verwirrenden Zutaten und Zubereitungsarten in die Knie geht. Auf Speisekarten stehen Haifischflossen, Hühnerfüße, Entenzungen, Schweinedarm, Schwalbennester, Quallen, Schlange und Esel friedlich neben Rind und Huhn, als ob nichts dabei wäre. Hund habe ich noch nicht entdeckt, aber der wird auch eher im Winter gegessen, wiederum aus medizinischen Gründen, das Fleisch gilt als wärmend.

Doch auch bei vertrauteren Lebensmitteln sollte man sich nie zu sicher fühlen. Gerade erzählten mir neue Bekannte von ihrem Lieblingsgericht drunken shrimp: lebende Shrimps, eingelegt in baijiu, einen Schnaps aus Klebereis, und noch zappelnd zu essen.

Was ich nicht ahnte: Dinnerein-
ladungen in China sind
Beeindruckungsrituale. Allein die
Bestellung war ein ausgedehntes
Palaver über Herkunft, Frischegrad,
genaue Zubereitungsweise,
verwendete Gewürze.

Frische ist überhaupt Religion: Auf jedem Markt sieht man frisch geschlachtete, noch zuckende Fische und lebende Hühner, die in Käfigen auf die Suppe warten. Julia erzählte von einem sechsstöckigen Restaurant in ihrem Viertel, dessen Untergeschoss eine Art Stall ist. Angeblich wird dem Esser dort am Tisch die lebende Ziege vorgeführt, die gleich für ihn gebraten wird.

All das klingt Furcht einflößend, aber was sich dann auf dem Teller findet, ist fast durch die Bank essbar. Ich gebe zu, dass ich in diesem Monat eine gewisse Obsession für das Essen entwickelt habe. Ich lese mich ein, ich fresse mich durch, ich lasse mich mitnehmen in immer obskurere Läden.

Ihr wisst ja, ich bin kein großer Frühstücker, mir reicht morgens eine Kanne Tee und eine WLAN-Verbindung. Trotzdem bin ich neulich früh um acht mit ein paar Amerikanern, die in Shanghai arbeiten, drei Stunden lang durch die Straßen gelaufen, um dabei Folgendes zu essen (in dieser Reihenfolge): jidan bing (Crepe mit rohem Ei, Frühlingszwiebeln, scharfer Sauce, Hoisin-Sauce), jiang bing (Beijing-Pizza), guo tie (potstickers – angebratene, mit Schweinefleisch gefüllte Teigtaschen), cong you ban mian (Nudeln mit Frühlingszwiebelöl), qing jiao gansi (Paprika mit festem Tofu), qing jiao fuzhu (Paprika mit aus der Haut von Sojamilch gerollten Tofu-Stäbchen), rou jiamo (chinesischer Hamburger) und cong you bing (dicke kleine Pfannkuchen mit Frühlingszwiebeln).

Mit zwei der Amerikaner, Kyle und Jamie, habe ich dann ein paar Tage später einen ausgesprochen lustigen Abend in Hinterhofrestaurants und Nachtmärkten verbracht. Auf dem Menü: frittierte Honigbienen und Libellen (»gut kauen, die Flügel können sonst beim Runterschlucken stecken bleiben«), Wasserwanzenlarven und Bambuswürmer. Es klingt alles schrecklich nach Dschungelcamp, schmeckt aber verblüffend lecker. Knusprig, wie Kartoffelchips oder Popcorn. Halt wie etwas, was man gedankenlos vor dem Fernseher isst, nicht weiter der Aufregung wert. Viel irrer fand ich, dass man dazu original Einbecker Doppelbock oder Erdinger Weiße bestellen konnte – vom Kellner fachmännisch schräg in ein Weißbierglas geschenkt.

Lasst sehen, damit sind doch schon mindestens zwei bis drei klassische Elternfragen beantwortet, oder?

Geht es Dir gut? Ja, Mama.

Isst Du auch immer regelmäßig? Ja. Siehe oben.

Hast Du Dir schon was Schönes gekauft? Nein. Shanghai ist Fake City. Jede zweite Frau trägt hier eine Tasche von Louis Vuitton oder Chanel oder Gucci. Gefälscht, klar. Man muss dafür nicht mal in geheime Hinterzimmer, es gibt ein eigenes Einkaufszentrum für Fälschungen, Han City Fashion & Accessories Plaza. Wer hier kaufen will, braucht vor allem starke Nerven. Es ist ein Spießrutenlaufen durch die Gänge, und jeder, wirklich jeder Standbesitzer, kobert einen an.

»Hello lady, want bag? Hi lady, watch? Rolex! Want sunglasses? Hey lady, beautiful bag? Lady, Louis Vuitton, Prada, Gucci? Hello lady, bag! Lady!«

Anfangs schüttelt man nur den Kopf, aber ziemlich schnell muss man es einfach nur ignorieren und gehen, gehen, gehen, sonst wird man aggressiv. Ich habe den Sinn von Fakes nie verstanden und in Shanghai verstehe ich ihn noch weniger. Glaubt wirklich irgendeiner, dass er durch Tragen von offenkundig nachgemachtem Schrott in der Achtung seiner Mitmenschen steigt? Gerade wenn Fälschungen so allgegenwärtig sind wie hier, welche Bedeutung haben die Labels dann noch? Als Statussymbol taugen sie nicht, ganz im Gegenteil. Nur als Zeichen dafür, dass man gern etwas hätte, was man sich nicht leisten kann.

Nein, ich habe tatsächlich gar nichts gekauft. Aber am Ende bin ich doch kurz stehen geblieben, bei »Hey lady, what do you want?« Ich musste lachen. Was ich will? Großartige Frage, die ich mir gerade selber oft stelle.

Ich hatte gedacht, dass diese Reise bereits die Antwort ist. Aber inzwischen habe ich begriffen, dass sie vielmehr die Gelegenheit bietet, mich mit dieser Frage endlich mal wirklich zu beschäftigen. Wie will ich leben, was will ich mit den plusminus 40 Jahren anfangen, die noch vor mir liegen? Es braucht ja meist eine Zäsur, um sein Leben mal aus der Vogelperspektive zu betrachten und Inventur zu machen – in meinem Fall waren es gleich zwei Einschnitte, mein 50. Geburtstag im letzten Sommer und jetzt diese Reise. Also: Was habe ich, was fehlt mir, was funktioniert, was nicht mehr, wovon möchte ich mich

verabschieden, wovon brauche ich mehr in meinem Leben? Was also will ich?

Für Euch klingt vielleicht allein schon die Frage vermessen, vielleicht irritiert Euch die Unverschämtheit dieses einfachen Kindersatzes »Ich will«. Man findet seinen Platz im Leben, meist wird er einem zugewiesen, und den füllt man dann gefälligst aus, so gut es geht – so war das in Eurer Generation. Meine hingegen lebt mit dem Segen und dem Fluch, dass plötzlich viele grundverschiedene Lebensformen möglich sind, und das sogar in ein und derselben Biografie. Wir dürfen alles. Und wir können uns jederzeit umentscheiden. Das macht das Leben nicht etwa einfacher, sondern komplizierter. Ohne Leitplanken ist der Weg nun mal schwieriger zu finden.

Noch komplizierter wird es dadurch, dass das jahrhundertealte Rezept für ein gelungenes Leben (Ehe + Kinder + Eigenheim + 45 Jahre im selben Beruf) ein Auslaufmodell ist und trotzdem noch der heimliche Maßstab für das Lebensglück. Wir haben noch keinen anderen aufgestellt, wir wissen noch nicht, ob die Alternativen funktionieren. Macht es auf Dauer glücklich, als digitaler Nomade durch die Welt zu vagabundieren oder Karriere und Kinder unter einen Hut zu bringen oder die Familie durch ein Freundesnetzwerk zu ersetzen oder sich die Arbeit immer wieder selbst zuzuteilen oder – größte Frage von allen – ohne Kontinuität zu leben, sei es in Beruf oder Privatleben? Keine Ahnung. Wird man sehen. Es gibt noch keine Langzeitstudien, wir sind die Versuchskaninchen der ersten Generation.

Einfach ist das alles nicht. Auf jeden Fall kommt niemand mehr um die Notwendigkeit herum, seine jeweils eigene Definition von Glück und gutem Leben zu finden. Die Endlichkeit von Lebensentwürfen – in Form von Scheidung oder Kündigung– ist längst nicht mehr die katastrophale Ausnahme wie bei Euch, sondern der Normalfall geworden, und Beweglichkeit, nicht Beharrlichkeit ist die Tugend der Stunde. In solchen Zeiten ist ein beherztes »Ich will« fast überlebenswichtig: Wenn alles wackelt, muss man halt selbst zum Pfeiler werden.

Reisen ist bei der Beantwortung von fundamentalen Fragen wie diesen natürlich wahnsinnig hilfreich. Zu sehen, wie es die anderen machen, welche Möglichkeiten und Ideen es noch so auf der Welt gibt und dass es noch andere Möglichkeiten gibt, sein Leben zu leben, ist jeden Schritt vor die Tür wert.

Spielst Du auch schön mit den anderen Kindern? Schon schwieriger. Kontakt zu Chinesen habe ich so gut wie keinen, die Sprachprobleme verhindern es. Seit ich umgezogen bin in mein kleines Apartment in der Villengegend French Concession, ist es etwas besser. Mit meiner Vermieterin Shirley, einer chinesischen Dokumentarfilmerin, die mit einem Deutschen verheiratet ist und fünf Jahre in Berlin gelebt hat, gehe ich hin und wieder aus. Meist bewegen wir uns allerdings in der globalen Parallelgesellschaft, die viele Weltstädte von New York über Berlin bis eben auch Shanghai inzwischen beherbergen. Jüngst sind wir in der Bar El Coctel gelandet, die von einem Spanier namens Willy betrieben wird. Unser Bartender war Japaner, wir bestellten auf Englisch. Shirley erzählte mir von ihrem argentinischen Tangounterricht. Der Lehrer ist ein arabischstämmiger Deutscher, der mit einer Chinesin verheiratet ist.

Schon nach knapp vier Monaten Unterwegssein stelle ich fest, wie egal es ist, in welchem Land man zufällig geboren ist. Es geht darum, wo man sich zu Hause fühlt. »Ein paar Monate, nachdem ich nach Berlin zog, hatte ich Geburtstag«, sagte Shirley. »Es kamen 80 Leute. Hier in Shanghai mag ich vielleicht acht.«

Ich weiß ziemlich genau, was sie meint. Das Gefühl, dass einem die eigene, doch eigentlich vertraute Kultur fremd geworden ist, kenne ich schon nach einem Vierteljahr ganz gut. Besonders heftig habe ich es bei einer PR-Veranstaltung mit Michael Schumacher erlebt, auf die ich eher zufällig geraten war.

Nachmittags hatte ich eine alte Kollegin zum Tee getroffen, die für das Formel-1-Rennen angereist war. »Komm doch heute Abend einfach mit«, sagte sie, »ich lass dich auf die Gästeliste setzen.«

Ich bin lange genug in diesem Geschäft, um zu wissen, dass Partys mit Gästeliste nicht unbedingt die besten sind, aber diese klang unwiderstehlich bescheuert: der Launch von Michael Schumachers Turnschuh-Kollektion MS one. Es handelt sich um eine auf 888 Boxen limitierte »Trilogie« aus drei Schuhen namens Morning (weißes Straußenfußleder), Afternoon (graues Lachsleder) und Nightlife (schwarz mit Swarovski-Steinen) für 3000 Euro nebst dem auf 88 Paare limitierten Starboot aus rotem Wasserschlangenleder mit

Das ist einfach nicht mehr meine Welt. Ich ließ ein halb getrunkenes Glas Champagner stehen und ging. Reisen macht angenehm radikal.

sieben goldenen Sternen (für Schumachers sieben WM-Siege) und Schnürsenkeln aus 18-karätigem Gold. Preis: 5.000 Euro. Die Schuhe sehen genauso grauenhaft aus, wie sie klingen, sind also maßgeschneidert für den chinesischen/russischen/arabischen Sammlermarkt. Wie sehr hier vor allem neureiche Chinesen anvisiert werden, denen das Geld aus den Ohren kommt, sieht man an der penetranten Verwendung der chinesischen Glückszahl 8.

Ich stand also inmitten einer Geisterbahn-Party aus fusselbärtigen Hipstern, hilflos kichernden Hostessen, gelangweilt auf ihre Blackberrys starrenden Minirock-Tussis samt ihren Sugardaddys – der globalen Ennui-Gesellschaft. Schumacher tauchte kurz auf, schüttelte die wichtigsten Hände, posierte für Fotos, verschwand. Und ich fühlte mich auf die wohligste Weise fremd und fehl am Platz. Zu Hause musste ich ja öfter mal auf solche Events, hier draußen merke ich, dass mir schon nach drei Monaten jede Geduld für diese Bullshit-Kultur abhandengekommen ist – und freue mich von Herzen darüber. Das ist einfach nicht mehr meine Welt. Ich ließ ein halb getrunkenes Glas Champagner stehen und ging. Reisen macht angenehm radikal.

So schnell mir das Vertraute fremd geworden ist, so überrascht bin ich, wie viel Zugang man als Fremde totz der Sprachproblematik zu dieser Stadt hat. Wie leicht es ist zu kommunizieren, ohne zu reden. Von dem Karatelehrer Jack habe ich mich gleich zu Beginn, noch auf dem Dach des URBN-Hotels, in Tai Chi anlernen lassen, und mit diesem Grundwissen pilgere ich nun fast jeden Morgen in den Xiangyang-Park. Es ist noch frisch, die Temperaturen im April sind in etwa die gleichen wie in Deutschland. Auch das ist übrigens ganz schön zur Abwechslung: das Gefühl, wieder in derselben Jahreszeit unterwegs zu sein wie daheim. Ich stelle mich zu einer der vielen Gruppen im Park und taste mich durch die Bewegungen. Hin und wieder korrigiert mich jemand, eine alte Frau nimmt vielleicht mal meine Hand und biegt sie in die richtige Haltung, meist aber stümpere ich einfach stillvergnügt vor mich hin. Nebenan tanzt eine Frauengruppe in Winterjacken zum Radetzky-Marsch, weiter hinten spielen Männer Go auf einer Parkbank. Manchmal schaue ich danach noch den Wasserkalligrafen zu, die kunstvolle Segenssprüche und Redensarten mit Wasser und Pinsel auf das Pflaster schreiben, nur so zur Übung –

sorgfältig, hingebungsvoll, hoch konzentriert. Nach wenigen Minuten sind die Schriftzeichen verschwunden, einfach weggetrocknet.

Letzte Woche fragte mich ein alter Kalligraf, ob er mich malen dürfe. Er sei ein pensionierter Arzt, erklärte mir ein junger Mann, der für uns übersetzte.

»Wieso trägt er eine Wäscheklammer am Ohr?«, fragte ich.

»Gegen seine Schlaflosigkeit.«

Natürlich.

Ich stelle mich also hin, um uns versammelt sich eine kleine Gruppe, die das Ganze fachmännisch kommentiert. Gemalt werden ist mal was anderes, in der Regel werde ich fotografiert. Ebenso wie in Indien bin ich hier beliebtes Fotoobjekt. 1,83 Meter, hellblond – klar. Exotenbonus. Rose hat sich in Rajasthan immer köstlich amüsiert und überschlagen, wie viel Geld sie mit mir verdienen könnte, wenn sie mich vermakeln würde. Hier in China fragen allerdings nur wenige um Erlaubnis, die meisten schießen heimlich mit dem Handy.

Der alte Mann malt ächzend, aber schwungvoll. Und schmeichelhaft, er malt mir Volumen in die Haare, wie ich es noch nie im Leben hatte. Dafür aber auch ein Kinn wie Schumacher. Anschließend schreibt er meinen Namen daneben, so wie er ihn verstanden hat: Me Ka.

Ich schüttele ihm die Hand, er macht eine kleine Verbeugung und geht davon. Und ich bleibe und schaue zu, wie mein Bild langsam auf dem Pflaster verdunstet. Am Ende bleiben nur die Haare und ein Rest vom Lächeln.

Es war einer meiner Lieblingsmomente der bisherigen vier Monate. Eine weitere Lektion darin, den Augenblick zu lieben.

Überhaupt genieße ich es, einfach mal nur Körper zu sein und sonst nichts. Zweimal die Woche gehe ich zu einer chinesischen Massage – etwas, das ich mir in Deutschland nie gönnen würde. Hier aber gehört es fast zur Grundversorgung. Der Massagesalon ist eine seltsame, einlullende Welt in permanentem Halbdunkel, in dem man nur gelegentlich ein Flüstern hört – ich glaube, er bedient irgendein verschüttetes Shanghai-Klischee in mir, denn ungefähr so habe ich mir immer die Opiumhöhlen der Dreißigerjahre vorgestellt. Für zwei Stunden – eine Stunde Ganzkörpermassage, eine Stunde Fußreflexzonen – versinke ich tief im Nirwana meiner Muskeln und

Nervenstränge und torkele dann halb betäubt wieder ans Tageslicht. Oder auch in die Nacht: Mein Lieblingssalon Dragonfly hat bis 2 Uhr morgens geöffnet, notfalls auch länger. Man erzählte mir, dass sich mal ein gejetlagter Tourist nachts um eins massieren ließ und dabei einschlief. Sie haben ihn einfach liegen lassen, bis er gegen 5 Uhr wieder aufwachte.

Wie geht es mir also? Großartig, einfach großartig. Ich musste neulich lachen, als ich aus dem Hu-Xin-Ting-Teehaus auf die Zickzackbrücke blickte, die zu ihm führt. Diese Form wird oft gewählt, weil Dämonen sich angeblich nur geradeaus bewegen können, man durch neun Biegungen also vor ihnen sicher ist. Genauso geht es mir mit meinem Zickzack-Kurs um die Welt: bislang frei von allen bösen Geistern.

Höchstens mit einem Dämon plage ich mich, dem Großen Zeitfresser: Ich fasse es nicht, dass fast schon ein Drittel des Jahres um ist – wie, bitte, konnte das passieren?

Gleichzeitig habe ich so ein schönes tiramisusattes Gefühl im Bauch, als ob sich die Sedimentschichten dessen, was ich bisher schon erlebt habe, dort hübsch übereinanderschichten. Heute Morgen zum Beispiel saß ich in meinem seidenen indischen Morgenmantel, den ich mir in Udaipur habe nähen lassen, im Alkoven meiner Wohnung, trank grünen Tee aus meiner argentinischen Silberkanne, guckte hinunter auf den Teich mit den Koi-Karpfen, fühlte mich unfassbar reich und dachte: Dies. Ist. Es. Das reine Glück. Einer dieser Momente, an denen das Jahr bisher so reich war – und auch der geht vorbei. Schnell, schreib ihn auf, halt ihn fest, bevor er weg ist. Stattdessen begann ich, in einem Buch über Tee zu blättern, das mir Shirley hingelegt hatte. Schlug eine Seite auf, rechts ein Foto mit silbernen Teelöffeln, links ein Zitat aus Marcel Prousts »Auf der Suche nach der verlorenen Zeit«:

»In der Sekunde nun, als dieser mit dem Kuchengeschmack gemischte Schluck Tee meinen Gaumen berührte, zuckte ich zusammen und war wie gebannt durch etwas Ungewöhnliches, das sich in mir vollzog. Ein unerhörtes Glücksgefühl, das ganz für sich allein bestand und dessen Grund mir unbekannt blieb, hatte mich durchströmt. Mit einem Schlage waren mir die Wechselfälle des Lebens gleichgültig, seine Katastrophen zu harmlosen Missgeschicken, seine

Kürze zu einem bloßen Trug unsrer Sinne geworden; es vollzog sich damit in mir, was sonst die Liebe vermag, gleichzeitig aber fühlte ich mich von einer köstlichen Substanz erfüllt; oder diese Substanz war vielmehr nicht in mir, sondern ich war sie selbst.«

Genau so fühlt es sich an, das Reisen: Ich bin von einer köstlichen Substanz erfüllt, die Welt sickert in mich ein. Wie hieß das in der Schule immer? Diffusion durch eine semipermeable Membran.

Macht Euch also keine Sorgen, das Kind ist heil angekommen hier draußen in der Fremde.

ES UMARMT EUCH GANZ FEST: EURE MEIKE

10 Dinge, die ich in Shanghai gelernt habe

1. Selbst hinfahren, hingehen, hinschauen ist die einzige Möglichkeit, sich von seinen Vorurteilen zu befreien. Shanghai war so viel entspannter, lustiger, lebensfreudiger, als ich das vermutet hatte.

2. Man muss den Dingen immer eine zweite Chance geben, auch wenn sie die nicht verdienen. Seegurke zum Beispiel. Zum ersten Mal 1983 in Seoul gegessen. Jetzt wieder. Immer noch entsetzlich. Nächster Versuch: 2039.

3. Vor allem muss man den Dingen aber eine erste Chance geben. Eisernes Gesetz beim Reisen und auch sonst im Leben: Alles mindestens einmal probieren.

4. Frittierte Bienen schmecken besser als frittierte Libellen.

5. Wenn ein Chinese etwas perfekt findet, sagt er cha bu duo. Übersetzt: »Es fehlt nicht viel.« Eine perfekte Haltung zum Thema Perfektion.

6. Wenn man in China zwei Bier bestellt, indem man Daumen und Zeigefinger ausstreckt, bekommt man acht Bier. Man kann sich also auch mit den Händen versprechen. Das Zeichen für 9 ist übrigens ein gekrümmter Zeigefinger.

7. Trotzdem bin ich mit Händen und Füßen und einem Lächeln und Geduld viel weiter gekommen, als ich je für möglich gehalten habe. Es war gut, einen Monat lang auf etwas so Elementares wie die Sprache verzichten zu müssen.

8. So großartig es ist, jeden Monat woanders zu sein, so sehr liebe ich es aber auch, dass jeder Tag gleich beginnt: mit einer Kanne Tee im Morgenmantel. Die Teekanne aus Buenos Aires und der indische Morgenmantel sind schon jetzt die wichtigsten Dinge in meinem Koffer: ein Instant-Zuhause, ein kleiner Kokon. Erkenntnis für alle zukünftigen Reisen: Man muss emotionaler packen.

9. Es gibt ungefähr zehn verschiedene Arten, Feng Shui auszusprechen.

10. Socken sollte man auch im Sommer tragen und im Bett. Chinesen halten kalte Füße für die Wurzel allen Übels, aller Schmerzen, aller Krankheiten. Gerade bei großer Hitze: Socken. Die Schweißdrüsen der Füße öffnen sich nämlich, kalte Luft kann dann angeblich leicht in den Körper dringen und dort den allerallerallergrößten Schaden anrichten. Rückenschmerzen, Kopfschmerzen: alles mit Socken heilbar. Nicht dass ich mich daran halte: Ich geb's nur weiter.

Meike Winnemuth

»YOUSANA – WO – BI – RÄBIDÄBI – DÉ?«

FREMDE SPRACHEN SIND SCHÖN, wenn man sie nicht versteht.

Ich habe einmal den großen J. V. Jensen gefragt, wie er es denn gemacht habe, um Asien uns so nahe zu bringen wie zum Beispiel in den ›Exotischen Novellen‹ – und ob er lange Chinesisch gelernt habe ... »Ich reise so gern in China«, sagte Jensen, »weil da die Leute mit ihrer Sprache nicht stören! Ich verstehe kein Wort.« Hat recht, der Mann.

Fremde Sprachen sind schön, wenn man sie nicht versteht. Ein Wirbel wilder Silben fliegt uns um den Kopf, und Gott allein sowie der, der sie ausgesprochen hat, mögen im Augenblick wissen, was da los ist. Wie nervenberuhigend ist es, wenn man nicht weiß, was die Leute wollen! »Da möchte man weit kommen«, hat der weiseste Mann dieses Jahrhunderts gesagt, »wenn man möcht zuhören, was der andere sagt –!« Im fremden Land darf man zuhören, es kostet gar nichts – höflich geneigten Kopfes lässt man den Partner ausreden,

wie selten ist das auf der Welt! Und wenn er sich ganz ausgegeben hat, dann sagst du, mit einer vagen Handbewegung: »Ich – leider – taubstumm und ... kein Wort von dem, was Sie da erzählen ...!« Das ist immer hübsch, es ist ausgezeichnet für die Gesundheit.

Das fängt an der Grenze an, wo der Zollmensch viele Sachen sagt, von denen wahrscheinlich die gute Hälfte aus Unannehmlichkeiten besteht – aber sie dringen nicht bis an unser Gehirn – sie gehen, wie die Pariser Schauspielerin Maud Loti das einmal auf einer Probe zu ihrem Regisseur gesagt hat, zu einem Ohr hinein und zum – ja, ich glaube, zum andern Ohr wieder heraus ... Und wenn der Zollfritze nicht gerade Krach mit seiner Frau gehabt hat, besteht die Möglichkeit, dass er uns zufriedenlässt; das Idiotische ist ja doch stärker als alle Vernunft.

Nun ist das auf der ganzen Welt so, dass die Leute, wenn man sie nicht versteht, schön laut mit einem reden; sie glauben, durch ein Plus an vox humana die fehlenden Vokabelkenntnisse der andern Seite zu ersetzen ... Und wenn du klug bist, lässt du ihn schreien.

Schön ist das, in einem fremden Lande zu reisen und auf fremdländisch grade »Bitte!«, »Danke!« und »Einschreibepaket!« sagen zu können – gewöhnlich ist unser einziges Wort eines, das wir auf der ganzen Reise nicht verwenden. Das mit dem Lexikon und den Sprachführern habe ich längst aufgegeben. Sagt man nämlich solch einen Satz den fremden Männern, so ist es, wie wenn die mit einer Nadel angepikt seien – der fremde Sprachquell sprudelt nur so aus ihnen heraus, und das steht dann wieder im Sprachführer nicht drin ... Aber wie schön, wenn man nichts versteht –!

Was mögen die Leute da alles sagen –! Was können sie denn schon alles sagen –?

Du hörst nicht, dass da zwei Männer sich eine sehr wichtige Sache wegen der Übernahme der Aktienmajorität des Streichholz-Trustes erzählen, und dann eine Wohnungsschiebung und dann einen unanständigen Witz (alt! alt!) – und dann Gutes über eine Frau, die sie beide nicht haben wollen, und dann Schlechtes über eine, die sie nicht bekommen konnten –: Das brauchst du alles nicht mitanzuhören. Der kleine Kellner auf dem Bahnhof ruft etwas aus, was wahrscheinlich nicht einmal die Einheimischen verstehen, und dass er mäßiges Obst verkaufen will, siehst du alleine. Sanfte Träumerei umspinnt dich – was

mögen diese wirren, ineinandergekapselten, schnell herausgekollerten, halb heruntergeschluckten Laute nur alles bedeuten ...! Andere Kehlköpfe müssen das sein – andere Nasen – andere Stimmbänder – es ist wie im Märchen, und was du auf der Schule gelernt hast, hilft dir nicht, weil diese das offenbar nicht oder falsch gelernt haben; und ist es nicht schön, wie ein sanfter Trottel durch die Welt dahinzu ...

»Na, erlauben Sie mal –! Wenn ich auf Reisen bin, da will ich aber ganz genau wissen, was los ist; man muss als gebildeter Mensch doch wenigstens etwas verstehen –!« Es ist so verschieden im menschlichen Leben ...

Im Irrgarten der Sprache herumzutaumeln ... das ist nicht eben vom Übel. »Schööör scheeh Ssä Reeh!«, rufen die Franzosen; lass sie rufen. »Tuh hau wi paak!«, gurgeln die Engländer; lass sie gurgeln. Und ich frage mich nur, was mögen wohl die Ausländer in Deutschland hören, mit ihren Ohren, wenn unsere Bahnhofsportiers, Schutzleute, Hotelmenschen ihnen etwas Deutsches sagen ...?

Es ist ein kleines bisschen unheimlich, mit Menschen zu sprechen, ohne mit ihnen zu sprechen. Da merkt man erst, was für ein eminent pazifistisches Ding die Sprache ist; wenn sie nicht funktioniert, dann wacht im Menschen der Urkerl auf, der Wilde, der da unten schlummert; eine leise Angstwolke zieht vorüber, Furcht und dann ein Hauch von Hass: Was ist das überhaupt für einer? Ein Fremder? Was will der hier? Und wenn er hier selbst was zu wollen hat: Was kann ich an ihm verdienen? Und besonders auf den Straßen, vor den Leuten, die nicht gewerbsmäßig mit Fremden zu tun haben, fühlt man sich ein bisschen wie ein im Urwald auftauchender Wolf – huhu, Geheul unter den hohen Bäumen, der Wanderer fasst den Knüppel fester ... und nur wenn's gut geht, fuchteln sie dann mit den Händen.

Sonst aber ist es hübsch, durch eine Welt zu wandeln, die uns nicht versteht, eine, die wir nicht verstehen – eine, deren Laute nur in der Form von: »Yousana – wo bi – räbidäbi – dé –« an unser Ohr dringen ... Missverständnisse sind nicht möglich, weil die gemeinsame Planke fehlt – es ist eine saubere, grundehrliche Situation. Denn wie sprechen Menschen mit Menschen –?

Aneinander vorbei.

Kurt Tucholsky

Schööör scheeh Ssä Reeh!»
rufen die Franzosen;
laß sie rufen.
«Tuh hau wi paak!»
gurgeln die Engländer;
laß sie gurgeln.

Ein Hamam im marokkanischen Atlasgebirge:

Von ungleicher Gleichheit

WASSER AUF DER HAUT war alles, was ich wollte. Denn in den Bergen gab es nicht einmal einen kleinen Fluss. Dort hatte ich gerade ein paar Tage verbracht, Open Air geschlafen, gegessen, gefroren, geschwitzt, gelebt. Jeder Form von Waschen war ich also aufgeschlossen. Und ein Hamam wollte ich auf meinem Marokkotrip eh einmal ausprobieren. Also fuhren wir ins nächstgelegene Berberörtchen mit Hamam. Schon auf der Straße fielen wir auf. Weiße Frauen fallen auf an Orten, an denen nie weiße Frauen sind.

Vor dem Hamam empfingen uns nette, sehr traditionell wirkende Berberfrauen. Keine von ihnen sprach eine Sprache, die ich spreche, sodass unser Berberfreund Mohammed der Frau meine Behandlung diktierte: Einmal alles überall abrubbeln, waschen und massieren. Das war zumindest seine Empfehlung. Und ich konnte eh nicht widersprechen. Als ich hineinging, sah ich zum ersten Mal wäh-

rend meiner Reise durch Marokko Frauen, die weniger anhatten als ich. Nämlich nichts außer einem Slip. Auf den Straßen sieht man sie immer nur bis aufs Gesicht verhüllt. Erst jetzt stellte ich fest, dass ich von dieser Verhüllung auch gleich auf eine Verklemmtheit geschlossen hatte. Dem war aber gar nicht so. Völlig frei und ungehemmt bewegten sich die Frauen dort in ihrer Nacktheit. Ich freute mich für sie. Es macht mich fröhlich, Menschen mit einem so natürlichen Körpergefühl zu sehen. Und dann noch Menschen, von denen ich es nicht erwartet hatte.

Ich zog gleich mit ihnen, da kam auch schon meine Hamambehandlungsfrau – und zog sich aus. Genau wie alle anderen starrte auch sie mich an. Ich wollte mit ihr ein paar Worte wechseln. Wenn man sich schon so entblößt gegenübersteht, wollte ich versuchen, zumindest auch ein bisschen unsere Seelen einander zu entblößen. Jedoch verstanden wir uns einfach nicht und sie lief Hilfe suchend in die Meute der sich waschenden und abrubbelnden Frauen. Heraus kam sie mit Féfé, einer jungen, wunderhübschen Studentin, die französisch und ein bisschen englisch sprach und mir helfen wollte. Ich war ihr unendlich dankbar, fühlte mich ihr gleich verbunden und schüttete ihr mein Herz aus. Ich konnte kaum aufhören zu reden. Nämlich, dass ich überhaupt nicht wusste, was ich machen soll, wo ich hinsoll und was ich an- und ausziehen soll. Aus lauter Unwissen hatte ich sogar mein Bikinitop angezogen. Dafür lachte sie mich aus und befahl, es gleich wieder auszuziehen. Wer war jetzt hier die Verklemmte?

Da meine Hamambehandlungsfrau irgendwie wieder verschwunden war, nahm Féfé mich mit in den Steamerraum. Ich setzte mich mit auf ihre Matte, sie gab mir einen Schwamm und zeigte mir, wie ich mich damit abrubbeln sollte. Denn beim Hamam geht es darum, abgestorbene Haut zu entfernen, um wieder schöne, glatte Haut zu haben. Der Schwamm sah zwar eher aus, als würde ich mir fremde, alte Haut auf meine rubbeln, aber o.k. In dem Steamerraum saßen unzählige andere marokkanische Frauen, die sich und ihre Kinder voller Elan mit dem Schwamm behandelten. Und dabei mich anstarrten. Ich hatte den Eindruck, sie hatten noch nie eine europäische Frau nackt gesehen. Zudem machten sie sich wahrscheinlich auch lustig über meine laienhafte Abrubbeltechnik und meine absolute Hilflosigkeit.

Ich behandelte mich also mit dem Schwamm, versuchte dabei auszusehen wie die anderen Frauen und versuchte mich mit Féfé, meiner Heldin, zu unterhalten. Das war gar nicht so leicht, denn ihren englischen und meinen französischen Wortschatz hatten wir bald ausgeschöpft. Viele der anderen Frauen fragten sie nach mir und ließen mir Komplimente übermitteln. Ich denke aber, das war nur, weil sie so was wie mich zum ersten Mal sahen. Als ich gerade nicht mehr wusste, wo ich mich noch abrubbeln soll, kam meine Behandlungsfrau dazu – und räumte erst mal auf: frische Wassereimer, anderer alter Schwamm, neuer Seifeschleimbrocken. Dann nahm sie den Schwamm in die Hand und begann, mich abzurubbeln. Mit einer Stärke, die ich nicht erwartet hätte, fing sie bei den Füßen an und arbeitete sich bis ins Gesicht vor, wobei sie akribisch darauf achtete, keine Stelle auszulassen. Dabei machte ich einfach alles, was sie befahl. Beine anwinkeln, Arme hoch, auf den Bauch legen. Auch wenn der Boden voll war von abgerubbelten Fremdhautschuppen. Auch wenn ich nicht wusste, wo der Schwamm vorher schon alles war. Ich machte einfach mit, denn ich fühlte mich ihr wahnsinnig ausgeliefert und hatte ein unwohliges Gefühl, ihr zu widersprechen. So bekam ich wenigstens die echte Hamamerfahrung.

»Also hair wash?«, fragte Féfé. »Yes, everything you say.« Also bekam ich auch eine Shampoonierung mit einem sehr lieblosen, ziependen Kämmversuch im Anschluss. Jetzt hatte ich nicht nur Hautschuppen, sondern auch viele Haare dagelassen. Ich freute mich schon auf die Massage und hoffte, anschließend noch einmal duschen zu können. Féfé und ich hatten uns unterdes so gern gewonnen, dass sie mich massieren wollte. Ich freute mich darüber, denn ich hatte das Gefühl, dass die Massage ein freundschaftliches Symbol war. An unsere verbalen Grenzen waren wir gelangt, aber nicht an die symbolischen. Es war zwar keine sonderlich gute Massage, aber trotzdem die beste, die ich je bekam. Denn mit ihr bekam ich eine neue Freundin. Féfé bat mich, draußen zu warten, sodass wir noch Facebookkontakte austauschen konnten. Eine Dusche gab es leider nicht mehr, also ging ich mit all den eigenen und fremden Hautschuppen an mir hinaus und zog mich wieder an. Um mit frischer Luft gegen die Steamerhitze in mir anzukämpfen, ging ich vor die Tür, um dort auf Féfé zu warten. Ich kam gerade heraus, da kam auch schon mein mitreisender Freund Yaniz mit unseren zwei Ber-

berfreunden Mohammed und Aisa angefahren. Ich gesellte mich zu den drei Männern in dem großen Truck. Wir unterhielten uns, hörten Musik und rauchten Zigaretten.

Dann kam Féfé aus dem Hamam. In ihrem marokkanischen Hausanzug und ihrem Kopftuch wirkte sie viel schüchterner, als ich sie zuvor kennengelernt hatte. Sie sah mich in meiner westlichen Kleidung, in dem Truck sitzend, locker mit den Männern redend. Sie winkte mir nur verstohlen zu. Ich wollte meine neue Freundin zu meinen alten Freunden gesellen, doch das war nicht möglich. Ich verstand langsam, dass wir niemals Freunde sein können. In dem Hamam, beide nackt, beide befreit von kulturell sichtbaren Einflüssen, waren wir einfach zwei Frauen. Zwei gleiche Frauen mit dem gleichen Bedürfnis, sich zu säubern. Vor dem Hamam hatten wir wieder unser Kulturgewand angezogen und waren plötzlich so verschieden, wie wir nur sein konnten. Ich sah, dass auch sie es genau so empfand.

Weil ich wusste, dass sie nicht zu mir und den Männern kommen konnte, und um ihr zu zeigen, dass mir all die Einflüsse um uns herum nichts ausmachten, ging ich zu ihr, an die Tür des Hamams. Ich sprach zu ihr genauso, wie ich es noch zwanzig Minuten zuvor getan hatte. Ich berührte sie am Arm. Aber sie konnte es nicht erwidern. Sie ging in die Kassenkabine des Hamams, die Kassiererin war anscheinend eine Freundin von ihr. Eine Freundin, der sie nah sein konnte. Jetzt trennten uns neben einer ganzen Welt auch noch eine Glasscheibe mit Gitter davor. Ich kaufte von der Kassiererin ein Shampoo und einen Lolli, beides schenkte ich Féfé. Auch wenn sie es erst nicht annehmen wollte, freute sie sich. Dann bat ich sie um einen Zettel und schrieb ihr meinen Facebooknamen auf. Auch sie schrieb mir ihren auf.

Einen Moment noch stand ich vor dem Auto. Kurz bevor wir fahren wollten, kam Féfé noch einmal zu mir und schenkte mir eine frische Orange zum Abschied. Noch lieber hätte ich sie mitgenommen.

Als ich Féfé gleich bei der nächsten WiFi-Gelegenheit schreiben wollte, konnte ich sie nicht finden. Erst Wochen später kontaktierte sie mich von ihr aus. In diesem Profil hätte ich sie nie erkannt.

Lena Kuhlmann

Ich verstand langsam, dass wir niemals Freunde sein können. In dem Hamam, beide nackt, beide befreit von kulturell sichtbaren Einflüssen, waren wir einfach zwei Frauen.

Auf Basidis Dach

DAS ZUHAUSE VON Taxifahrer Mustafa Fès lag am Ende einer etwa hundert Meter langen Steinpiste, die von der Hauptstraße abführte. Sein Grundstück war mit zwei kleinen Häusern bebaut, die, wie fast alle Gebäude in der Gegend, farblich mit der umliegenden Landschaft zerflossen. Zusammen mit zwei Ställen bildeten sie eine Art Hof, auf dem etwas Wäsche an einer Leine trocknete. Noch bevor die Handbremse angezogen war, kamen zwei Mädchen in Schlafanzügen aus dem größten der Häuser gelaufen, gefolgt von einer jungen Frau mit Kopftuch.

Sie blieb zögernd hinter den Mädchen an der Haustür stehen, und von ihrem Oberteil lachte uns ein etwas ausgeblichener Snoopy entgegen.

»Meine Frau und meine Töchter«, stellte Taxifahrer Mustafa Fès die drei vor und deutete mit einem auffordernden Nicken auf die Tür in der Lehmfassade.

Wir zogen die Schuhe aus und betraten einen kleinen Raum, der mit dunkelroten Teppichen ausgelegt war. Entlang der Wand lagen ein paar Kissen, in der Mitte stand ein kniehoher Tisch, die Wände wirkten kühl, und als ich mich setzte und meinen Rücken dagegen lehnte, stellte ich fest, dass sie es auch tatsächlich waren. Taxifahrer Mustafa Fes erzählte meinem Vater, wie er das Haus gebaut hatte

(ohne jede Hilfe), an welcher Seite es vor Kurzem vergrößert worden war (hinten links) und welche Pflanzen auf seinem Grundstück wüchsen (hauptsächlich Granatapfel- und Bananenbäume). Ich hörte zu, blickte mich dabei langsam im Raum um und entdeckte das halbe Gesicht eines kleinen Jungen, der vorsichtig um die Ecke der Haustür zu uns herüberlinste. Ich winkte, er zuckte zurück. Taxifahrer Mustafa unterbrach sein Gespräch mit meinem Vater und schaute ebenfalls in Richtung Tür.

»Ah! Mein Sohn, komm her!«, rief er der Tür entgegen und lachte entschuldigend, als nichts passierte. Eines der Mädchen kam mit einem vollen Tablett aus der Küche und stellte Schälchen mit Oliven, Olivenöl, Honig und Frischkäse vor mir auf den Tisch. Ihre Schwester verteilte Teegläser und Brotlaibe, und während ich mich bedankte und mit der einen Hand danach griff, tastete ich mit der anderen unauffällig nach den Rändern der Tischtücher zwischen meinen Knien. Drei Stück, also alles halb so wild.

Nach Jahren, in denen ich immer wieder pappsatt feststellen musste, dass nach dem vermeintlichen Hauptgericht noch zwei bis vier weitere Gänge folgen würden, ist das Zählen der Stoffschichten auf dem Tisch vor jedem Essen mein wertvollster Marokko-Lifehack geworden. Um Flecken und Krümel so schnell und effektiv wie möglich zu beseitigen, nutzen marokkanische Hausfrauen gerne eine Art Zwiebelsystem für ihre Tische.

Nach jedem Gang nehmen sie ein Tischtuch ab und legen direkt ein weiteres darunter frei. Das bedeutet: Je mehr Decken-Schichten, desto mehr Zurückhaltung am Anfang, um bis zum Nachtisch durchzuhalten und so nicht nur den Bauchschmerzen zu entgehen, sondern auch einem obligatorischen »Dukannstnochnichtfertigseinduhastjagarnichtsgegessennimmdochbittenochwashiervon«. Während ich also in wohldosierter Menge erst Oliven, dann Rindfleisch und schließlich frisch gepflückte Granatäpfel aß, bemerkte ich immer wieder die Seitenblicke der beiden Mädchen. Wenn ich sie erwiderte, lächelten wir uns flüchtig zu, wandten uns dann aber wieder etwas zu konzentriert unseren Tellern zu.

Ich überlegte, ob ich in Deutschland schon mal so spontan bei fremden Menschen am Esstisch gesessen und gegessen hatte, und natürlich lautete die Antwort nein. Da, wo ich aufgewachsen bin,

Aber dem marokkanischen Verständnis nach entsteht Familie nicht nur durch gemeinsame Gene, sondern auch durch gemeinsame Erinnerungen, gemeinsame Probleme oder gemeinsame Grundstücksgrenzen.

sind Verabredungen etwas Verbindliches, etwas Geplantes, etwas, bei dem zwei Menschen erst mal in ihre Kalender gucken und dann einen Termin eintragen müssen. Zur Not mit einem kleinen Fragezeichen. Oder erst mal mit Bleistift. In Marokko ist spontaner Besuch dagegen eher die Regel als die Ausnahme, und genauso wie ein laufender Fernseher und etwas zu weißes Deckenlicht gehörten auch fremde Menschen schon immer zum festen Inventar in Lallas und Basidis Wohnzimmer. Fragte ich meinen Vater früher leise, wer da mit uns am Abendbrottisch saß, sagte er meist: »Das ist eine Cousine« oder: »Das ist ein Großonkel« oder ganz einfach: »Das ist Familie«. Familie. Darunter fielen in Deutschland mein Leben lang genau acht Personen: meine Mutter, mein Vater, mein Bruder, meine Großeltern, meine beiden Großtanten und ein Großonkel, über den nur selten jemand gesprochen hat, und wenn, dann schlecht. War ich dagegen in Marokko, weitete sich der Begriff fast automatisch aus und war plötzlich mehr als nur ein Synonym für »enge Verwandtschaft«. Ich bin mir sicher, dass weniger als die Hälfte der Cousinen und Großonkel in Lallas und Basidis Wohnzimmer tatsachlich mit mir verwandt waren. Nicht mal über zehn Ecken.

Aber dem marokkanischen Verständnis nach entsteht Familie nicht nur durch gemeinsame Gene, sondern auch durch gemeinsame Erinnerungen, gemeinsame Probleme oder gemeinsame Grundstücksgrenzen. Vielleicht reicht in einigen Fällen sogar schon ein gemeinsames Mittagessen, aber davon war ich gerade noch weit entfernt.

Zwischen den vielen Schlafanzügen fühlte ich mich in Jeans und T-Shirt ein wenig overdressed, und auch mein Smartphone, das neben mir auf dem Teppich von Taxifahrer Mustafa Fès und seiner Familie lag, schien mir auf einmal unnötig groß zu sein. Ich fragte mich, ob seine Frau und seine Kinder genervt gewesen waren, als der Vater angerufen und verkündet hatte, dass er Fahrgäste zum Mittagessen mitbringen würde.

Vielleicht war das längst Normalität und gehörte zum Job eines guten Taxifahrers dazu. Vielleicht liebten sie es sogar, wenn Fremde im Haus waren. Vielleicht aber auch nicht. Vielleicht hatten wir mit unserer Ankunft ihre Pläne für den Nachmittag durchkreuzt. Vielleicht wollten sie gerade ...

Meine eigenen Gedanken stockten. Ja, was wollten sie wohl gerade? Was unternimmt man an einem Ort wie diesem? Einem Haus mitten im Nichts, umrandet von hohen Bergen und Himmel? Wie sieht der Alltag von Teenagern aus, die nicht mal eben ins Café gehen oder Freundinnen treffen können?

Hat man hier überhaupt Freundinnen? Oder Hobbys? Oder WLAN? Oder Unterricht?

»In welche Klasse gehst du?«, fragte plötzlich die jüngere der beiden Mädchen und es war das erste Mal, dass ich sie sprechen hörte. Ihre Stimme klang fester als erwartet.

»In gar keine. Ich arbeite schon«, antwortete ich und pulte die letzten Kerne aus meinem Granatapfel. »Und du?«

Sie erzählte mir, dass sie in der siebten und ihre Schwester in der neunten Klasse sei. Zur Schule müssten sie jeden Tag ungefähr eine Stunde laufen, aber das sei schon in Ordnung. Ich dachte an meinen alten Schulweg, der keine zehn Minuten lang war, und daran, wie oft ich gemeckert hatte, wenn ich im Regen aufs Fahrrad steigen musste.

»Komm«, sagte sie plötzlich mit sehr viel Enthusiasmus, griff nach meiner Hand und zog mich auf die Beine. Ich stand auf und zuckte nur kurz mit den Schultern, als mein Vater fragend zu uns herüberschaute.

Ich folgte den beiden Schwestern aus dem Wohnzimmer hinaus und über den Platz vor dem Haus in Richtung der beiden Holzverschläge. Ihre Flip-Flops sorgten bei jedem Schritt für schleifende Geräusche auf dem losen Steinboden, und es dauerte keine Minute, da hatte der Staub meine schwarzen Birkenstock-Sandalen in eine beige Version ihrer selbst verwandelt.

»Hier sind die Hühner. Davon haben wir zwölf«, sagte eins der Mädchen und entriegelte die erste Tür. Der Geruch von Tier und Stroh schlug mir entgegen, trotzdem steckte ich den Kopf in den Stall und sah im dämmrigen Licht zwischen aufgeregten Hühnern auch ein paar Schafe und Ziegen auf dem Boden liegen.

»Kümmert ihr euch um das alles?«, fragte ich und die beiden nickten stolz. Mit den Worten »Wir haben noch mehr!« schlossen sie die Tür und zeigten mir den zweiten Stall, der etwas größer, aber nicht weniger dunkel und dreckig war. Wir gingen hinein, vorbei an vier Kühen, durch eine weitere Tür in den hinteren Teil. Plötzlich stand

ich nur eine Armlänge entfernt von einem dampfenden Körper, der so massig war, dass er fast den kompletten Stall ausfüllte. Das Kamel stand einfach so da und zeigte keinerlei Regung, was wahrscheinlich daran lag, dass es keinen Platz für Regungen hatte. Nur ein lautes Schnauben zeugte davon, dass es uns bemerkt hatte, und ich presste meinen Rücken gegen die Wand. Die Mädchen lachten und zogen mich wieder nach draußen.

Unser Rundgang endete zwischen Bananen und Granatäpfeln auf den Feldern hinter dem Haus, und während ich mir zeigen ließ, wie man Stauden richtig erntet und woran man die wirklich guten Früchte erkennt, stellte ich fest, dass jede der Schwestern sehr wahrscheinlich mehr Hobbys hatte als mein Bruder und ich zusammen.

Mona Ameziane

Wie sieht ein Nordlicht aus?

– Haben Sie letzte Nacht das Nordlicht gesehen?
– Wann?
– Um halb zwölf.
– Da lag ich im Bett.
– Also so etwas Herrliches! Ich sage Ihnen, der ganze Himmel voller Farben und lange Lichtstrahlen, und das drehte sich alles –
– Halt einmal! Bringen Sie mal ein bisschen Ordnung in Ihre Erzählung! Was heißt das: der ganze Himmel voller Farben? Welche Farben? Woher kamen die Strahlen?

Was drehte sich?

– Farben? Je nun, Grün und Blau und Rot, und die Strahlen gingen über den ganzen Himmel hinweg, und da drehte sich immer etwas (entsprechende Kurbelbewegung der Hand) – beschreiben kann man das eben nicht! –

Berichte solch schwammigen Inhaltes sind dem Verfasser mehrfach gegeben worden von ganz gescheiten Leuten und in bester Absicht, ihm beim Sammeln von Beobachtungstatsachen zu helfen. Und der Schluss war stets derselbe: ja, beschreiben kann man das eben nicht!

Und mit diesem Stoßseufzer hatten die lieben Menschen recht. Es ist unmöglich, das Polarlicht so zu beschreiben, dass ein anderer sich hiernach eine zutreffende Vorstellung machen könnte. Beschreibung ist weder durch Wort noch durch Bild noch durch Queckbild

imstande, eine richtige Anschauung zu vermitteln. Und Bilder oder Queckbilder versagen hier gar noch eher als Worte. Sie können immer nur einen kleinen Ausschnitt von dem geben, was das Auge in der Natur sieht. Das Polarlicht ist aber eine Erscheinung, die fast immer einen sehr großen Teil des Himmelsgewölbes bedeckt, oder es reicht bandförmig von Horizont zu Horizont über den Zenith hinweg. Aus solcher Erscheinung ein Stück herausschneiden wollen und es für sich betrachten, das ist sinnloses Bemühen. Ein solcher Ausschnitt würde Vorgänge wiedergeben, die ohne die Möglichkeit, sie über den Rahmen hinaus über den ganzen Himmel hinweg zu verfolgen, dem Auge unverständlich bleiben und dem Verstande erst recht. Deshalb führt auch eine Betrachtung des Polarlichtes mit einem Fernglase zu nichts, mag dessen Gesichtsfeld auch die technisch erreichbar größte Ausdehnung besitzen. Mit Polarlicht-Abbildungen ist es wie mit Tapetenmustern; man sucht nach einem Muster von etwa einem Geviertmeter Größe aus oder auch nach der Rolle – und hat man die Tapete an der Wand, so ist das Erstaunen groß, dass sie in großen Flächen so ganz anders aussieht, ganz anders wirkt.

Die Schwierigkeit der Beschreibung wird uns nicht ersparen, sie doch zu versuchen. Die Aufmerksamkeit der Menschheit ist grade in jüngsten Tagen auf das Polarlicht gelenkt durch die Marktschreierweise, in der ein nordischer Gelehrter für sich in Anspruch nahm, eine neue Erklärung für es geben zu können – und für ein halbes Dutzend anderer Erscheinungen, die mit Polarlicht nichts zu tun haben, auch gleich mit. Es ist daher vielleicht willkommen, nun einmal eine deutsche Beschreibung des Polarlichtes zu finden. Man ist bei uns in diesem Punkte immer auf die Norweger angewiesen – und die haben bestimmt keine Augen im Kopfe.

Hervorragende Beobachtungen deutscher Gelehrter sind nicht in die breite Öffentlichkeit gedrungen, und die bisher über Island erschienenen Bücher deutscher Zunge schweigen sich über das Polarlicht gründlich aus.

Die Herren Verfasser und Verfasserinnen waren eben nur im Sommer hier, Polarlichter treten aber erst im zweiten Drittel des Septembers auf und verschwinden Anfang April wieder. Wer sich mit Einzelheiten näher bekannt machen will, sei darauf hingewiesen, dass die besten, zutreffendsten Beschreibungen grade von wichti-

gen Einzelerscheinungen bei Engländern und Amerikanern zu finden sind. Was die so richtig beobachtet und durchaus anschaulich dargestellt haben, sucht man bei den Norwegern sämtlich vergeblich.

Wir wollen das Polarlicht vor dem geistigen Auge des Lesers entstehen lassen. Er wird sich dann am ehesten vorstellen können, wie das Ganze aussieht. Unsere Beschreibung wird den Eindruck erwecken, sie solle zugleich Erklärung sein. In manchen Einzelheiten ist sie eine solche, im Ganzen jedoch nur eine »Arbeitshypothese«. Der Belesenere stoße sich daran nicht, dass manches vielleicht physikalisch undenkbar ist.

Wir befinden uns Mitte September, stehen am Hafen von Reykjavik. Die Sonne ist soeben untergegangen. Heller Dämmerhimmel im Nordwesten; an ihm die schmale, fahle Sichel des zwei Tage alten Mondes. Im Übrigen das Himmelsgewölbe schwarzblau. Einige Wolkenfetzen schwimmen in der Luft, stehen fast still. Hoch über ihnen etliche Schäfchenwölkchen. Wir blicken nach Norden, zur Esja hinüber, die eine stumpfe Ecke uns zukehrt, während die schroffen Abhänge rechts und links nach Nordosten und Nordwesten zurücktreten wie die Seiten eines Dreieckes. Da zieht es plötzlich im Nordosten aus der Ferne, wo hohe Schneeberge zu suchen sind, wie die Rauchfahne eines Räucherkerzchens heran, parallel mit der Kante des östlichen Esja-Abhanges. Man weiß nicht recht, ob über dieser Kante oder über der vorgelagerten Talsenke. Dieses dünne Rauchband kommt auf uns zu. Es hat eigentlich keinen Anfang, und doch kommt es näher, reicht mit einem Male bis über den Zenit und wenig später bis an den jenseitigen Horizont. Die Rauchfahne ist so dünn, so schwach nur sichtbar, dass nur ein aufmerksamer Beobachter sie entdeckt. Ihre Höhe ist sehr leicht zu beurteilen; sie geht über den schwimmenden Wolkenfetzen hinweg, aber unterhalb der Schäfchenwölkchen. Im Übrigen zeigt uns das Maß an perspektivischer Untersicht, dass es bestenfalls einige hundert Meter höher sein kann als die Esja mit ihren rund tausend Metern. Die Farbe der Fahne ist chamois. Es sei schon hier bemerkt, dass diese Färbung nicht echt ist, sondern nur Kontrastwirkung gegen den tiefblauen Himmel. Tiefer im Winter, wenn zu dieser Stunde der Himmel schon ganz Nacht ist, sieht dieses rätselhafte Band milchig weiß aus und ähnelt mit seinem Scheine der Milchstraße.

Während wir die nicht verfolgbare und doch sichtbare Entwick-

Tiefer im Winter, wenn zu
dieser Stunde der Himmel
schon ganz Nacht ist,
sieht dieses rätselhafte Band
milchig weiß aus und
ähnelt mit seinem Scheine der
Milchstraße.

lung dieser Rauchfahne über den Zenit bis zum jenseitigen Horizont beobachten und inzwischen die Dämmerung etwas abnimmt, leuchtet in der Fahne plötzlich im Nordosten ein hellbraunes Licht auf; es ist, als sei das Band dort zu einer Art Sankt-Elms-Feuer geworden. Nicht gar zu hell, aber doch so kräftig, dass es niemand übersehen kann. Es glüht auf, der Schein verschwindet, er glüht abermals auf – und verschwindet plötzlich. Kurze Pause. Dann urplötzlich schießt ein elektrischer Strom durch das ganze Band, ebenfalls von Nordosten her, fast bis zum jenseitigen Horizont. Nicht als kontinuierlicher Strom, sondern in Stößen, in Wellen (mit Pausen dazwischen). Unter der Einwirkung der Elektrizität erstarrt der unbekannte Stoff, aus dem die Rauchfahne besteht, zu Kristallen. Diese leuchten auf in einem Lichte, das in Farbe dem Mondlichte gleicht, aber dessen Helligkeit im ersten Viertel noch nicht erreicht.

Aufgrund ihrer Schwere sinken die Kristalle nach unten. Dadurch bekommt das Band, das einer Rauchfahne nun in nichts mehr gleicht, eine senkrecht streifige Struktur und Breite (von oben nach unten). Sind die Kristalle eine gewisse Strecke gesunken, so kommen sie aus dem Bereiche des elektrischen Stromes heraus, vielleicht auch in wärmere Luftschichten, kurz, lösen sich dort so urplötzlich, wie sie entstanden, wieder auf und werden unsichtbar. Dadurch hat das Band unten ein ziemlich scharf begrenztes Ende, einen Saum. Das Ganze sieht nun aus wie eine ungeheure leuchtende Draperie, die man quer über den Himmel gezogen, und sie scheint zu flattern wie der lange Wimpel am Hintermast des Schiffes, hervorgerufen wird dieser Eindruck des Flatterns dadurch, dass der elektrische Strom, wie erwähnt, nur stoßweise durch das Land hindurchgeht. In den Pausen zwischen den einzelnen Stößen bilden sich die Kristalle sofort zurück, hören zu leuchten auf. In diesen nicht leuchtenden Stellen ist das Land für Sternenlicht durchlässig, ist nichts als ein dünner Schleier mit milchigem Schimmer. Die leuchtenden Partien, mit den nicht leuchtenden abwechselnd, durchwandern das breite Band in seiner Gesamtlänge von Nordost bis Südwest. Ein ungeübtes Auge mag die nichtleuchtenden Partien für Lokalschatten halten und dann wohl glauben, ein Flattern zu sehen. Die kleinen Teilchen wirklichen Stoffs, aus dem das Band unzweifelhaft besteht (es ist »reelle Materie«) machen keine andere Bewegung als die des Senkrecht-Her-

nieder-Sinkens, solange sie Kristalle sind. In Richtung des Bandes, in Richtung des elektrischen Stromes bewegt sich nichts Körperliches dort oben.

Wandern tun nur die Örtlichkeiten, wo jeweils Kristalle entstehen, aufleuchten und wieder verschwinden. Wohl aber macht es den Eindruck, als ob der untere Saum von heftigem Sturme gepeitscht würde: leuchtende Fetzen, die aus dem im allgemeinen ziemlich scharfen und gradlinigen Unterrande herabhängen, zittern, flattern deutlich in einer Richtung, die dem elektrischen Strom entgegengesetzt ist. Je mehr die Dämmerung in Nacht übergeht, umso prächtiger sieht das lichtdurchpulste Band natürlich aus, denn je dunkler es wird, umso mehr kommt seine eigene, den Mond im ersten Viertel noch nicht erreichende Helligkeit zur Geltung. Zeitweilig sinken die Kristalle tiefer als sonst, das Band wird also breiter, großartiger, und manchmal senken sich auch ganze Strecken, scharf abgesetzt von dem nicht beteiligten Reste des Bandes, so unverkennbar tief, dass der Beobachter erwartet, die ganze Geschichte müsse nun auf der Erdoberfläche landen. So weit kommt es jedoch nicht. Man kann nicht recht sagen, wie die Bewegung des Herniedersinkens eigentlich zum Stillstande kommt, wie schließlich der untere Rand auch auf dieser Strecke wieder die Höhe des übrigen Bandes erreicht; man sieht es – und sieht es auch nicht. Das Ganze geht unmerklich und doch wieder schnell vor sich. Der Verfasser jedenfalls ist sich trotz der Beobachtung mehrerer hundert Polarlichter noch jetzt nicht klar darüber, was er denn nun eigentlich bei dieser Zurückbildung vom Gesunkensein zur »normalen« Höhe gesehen hat. – Der Anblick des lichtdurchpulsten draperieförmigen, scheinbar flatternden, von Horizont zu Horizont reichenden, nicht hoch über unsere Köpfe hinweggehenden Bandes versetzt auch den immer wieder in Verwunderung, der es oft sah. Leider kommt der Beschauer jedoch insofern kaum je zu reinem Genusse des prächtigen Bildes, als zur gleichen Zeit regelmäßig empfindlich kalte, sehr heftige Bodenwinde wehen, die dem Menschen durch Mark und Bein, jedenfalls durch alle Kleidung hindurchgehen. Es glaube daher der geneigte Leser: Das Polarlicht beobachten setzt Begeisterung für die Sache voraus! Wen die nicht erfüllt, der lässt sich durch Kälte und Sturm sehr bald verjagen, zumal wenn der Reiz der Neuheit nicht mehr wirkt.

An zwei Stunden wogt das leuchtende Band so über uns in einem Rhythmus, der sich im Allgemeinen gleich bleibt. Manche Störung erleidet er jedoch dadurch, dass das Band hin und wieder auch abreißt, dass sich klaffende Lücken in ihm bilden, die sich freilich nach einiger Zeit wieder schließen. Nach Verlauf der zwei ersten Stunden jedoch lässt der Pulsschlag des Lichtes nach. Die Erscheinung wird weniger straff, Abreißen, Zerreißen in einzelne längere Teilstrecken mehren sich.

Kleinere dieser Teile lösen sich zu formlosen Wolken auf, in denen es dann und wann geheimnisvoll aufglüht. Längere rollen sich zu einer Art Schnecke zusammen, die nun erst recht wie ein faltiger, in der Höhe hängender Vorhang aussieht, jetzt nur noch seltener von Lichtwogen durchwandert, meist in gleichmäßig fahlem Lichte. Die Schnecken rollen sich wieder auf, andersherum zusammen, segeln hierhin, dorthin, kurz, treiben sich am Himmel umher, als wüssten sie mit sich selber nichts anzufangen. Gegen Mitternacht ist der ganze Zauber verschwunden.

Dieses Programm gilt für den Beginn der »Saison«. Es wird in den ersten acht oder zehn Wochen so prompt innegehalten, dass man fast auf den Gedanken kommt, es herrsche da eine Art Disziplin. Mit dem Vorschreiten des Winters lässt die Straffheit nach. Die Dauer der Erscheinung verlängert sich zwar einerseits bis in die Morgenstunden, andererseits kommt das Band häufig überhaupt nicht mehr zustande, sondern die Sache beginnt gleich mit den formlosen Wolken und den sich rollenden Schnecken. Der Ort der Erscheinung liegt im Winter auch unverkennbar höher im Raume. Es treten neue Formen auf (die aber eben nur Formen, keine neue Sache sind), wie die viel genannten Nordlichtbögen. Die sind nichts als unser beschriebenes Band, wohlausgeprägt, ohne durchpulsendes Licht, ein gleichmäßiger matter Schimmer, so hoch über uns oder so weit entfernt, dass sie aufgrund eines perspektivischen Effektes gewölbt wie Teile von Kreisbögen erscheinen, sind jedoch ihrer wahren Gestalt nach ebenso wenig gewölbt oder gekrümmt wie die Kometenschweife, die ebenfalls grade Strecken darstellen und nur fürs Auge gekrümmt erscheinen. Freilich, auch etwas wirklich Neues tritt im Winter auf: die Nordlichtstrahlen. Deren Beschreibung ist

noch schwieriger als die der bisher genannten Formen. Nach den Behauptungen anderer sollen sie immer radial von den Nordlichtbögen ausgehen. Der Verfasser hat sie oft genug hinter Wolken hervorkommen sehen und auch frei am Himmel auftreten, ohne Verbindung mit einem Bogen oder Band, ohne auch bis zum Horizonte zu reichen. Wie ein Kometenschweif, doch stets grade und gestreckt, steht so ein Strahl (den man besser Strahlenbündel nennt) am Himmel, mit seinen beiden Enden züngelnd, sich verlängernd und wieder zurückzuckend. Auch er ist im Allgemeinen nur ein fahler Schimmer, hat seiner Leuchtkraft nach nichts Strahlendes an sich. Zuweilen jedoch glüht er merklich auf. Dieses Aufglühen ist fast regelmäßig von einer merkwürdigen Drehbewegung begleitet, die mit Worten auch nur sehr schwer zu veranschaulichen ist. Möglich ist überhaupt nur ein Vergleich (der bekanntlich hinkt): Man nehme ein Stück Herren-Schnürsenkel an beiden Enden zwischen Daumen und Zeigefinger. Die rechte Hand entspräche der Himmelsgegend, aus der der Strahl kommt. Nun drehe man mit den Fingern der Linken dieses Ende so, dass die flache Seite, die vorher unten war, jetzt oben ist. Der Schnürsenkel bildet nunmehr einen halben Schraubengang. Und nun gebe man dem so geformten Senkel im Ganzen eine halbe Drehung im gleichen Sinne, ohne die Längsachse aus ihrer Lage zu bringen, und drehe wieder zurück. Die drei Bewegungen, die der Senkel dann vor unserem Auge vollführt, geben eine gewisse Vorstellung von der Drehung der Nordlichtstrahlen. Sie glühen dabei, wie gesagt, auf, etwa auf das Doppelte ihrer Helligkeit, und die hellste Partie ist dann die mittlere Gegend, während die Enden lichtschwächer sind und sich im Dunkeln schließlich verlieren. Diese Strahlen schießen zuweilen von Norden her in größerer Unzahl zugleich auf, überschreiten den Ost-West-Meridian (dieser eigentlich sinnlose Ausdruck sei hier einmal nachgesehen) und scheinen nach Süden zu, doch noch ziemlich hoch am Himmel, in einem Punkte zusammenzulaufen. Ihre gemeinsame Helligkeit bildet dort einen leuchtenden Fleck, der Polarlicht-Krone genannt wird. Diese Erscheinung ist nicht häufig, ist im letzten Winter in Island nur einmal sichtbar gewesen, der Verfasser konnte sie aber nicht beobachten.

Adrian Mohr

Quellenverzeichnis

Auszug aus: Mona Ameziane, Auf Basidis Dach © 2021, Verlag Kiepenheuer & Witsch GmbH & Co. KG, Köln

Auszug aus: Nellie Bly: Around the World in 72 Days. Die schnellste Frau des 19. Jahrhunderts. Hg. u. m. Vorwort v. Martin Wagner. Aus dem Englischen v. Josefine Haubold. © 2013 AvivA Verlag, Berlin

Auszug aus: Boris Herrmann/Andreas Wolfers, Allein zwischen Himmel und Meer. Meine 80 Tage beim härtesten Segelrennen der Welt. Boris Herrmann erstmals ausführlich über seine Teilnahme an der Vendée Globe. Mit zahlreichen Bildern © 2021 C. Bertelsmann Verlag, München, in der Penguin Random House Verlagsgruppe GmbH

Auszug aus: Wolfgang Herrndorf, Bilder deiner großen Liebe © 2014, Rowohlt · Berlin Verlag GmbH, Berlin

Carsten Janz: Radelnde Massai in Kenia. Aus: Carsten Janz: Beinhart: In 3300 Tagen mit dem Fahrrad um die Welt © 2009 Verlag Delius, Klasing & Co. KG, Bielefeld

Mascha Kaléko, Momentaufnahme: Paris. Aus: Mascha Kaléko: Das lyrische Stenogrammheft © dtv Verlagsgesellschaft mbH & Co. KG 2016, München. Mit freundlicher Genehmigung von dtv Verlagsgesellschaft mbH & Co. KG

Lena Kuhlmann: Ein Hamam im marokkanischen Atlasgebirge: Von ungleicher Gleichheit © bei der Autorin

Auszug aus: Birgit Lutz, Unterwegs mit wilden Kerlen. Eine Frau erobert die Arktis © 2012 btb Verlag, München, in der Penguin Random House Verlagsgruppe GmbH

Auszug aus: Cheryl Strayed, Der große Trip. Übersetzung: Reiner Pfleiderer © 2013, Kailash, München, in der Penguin Random House Verlagsgruppe GmbH

Roger Willemsen, Havanna, New York, Surabaya ... Aus: Roger Willemsen, Unterwegs. Vom Reisen. Mit einem Nachwort von Insa Wilke. © 2020, S. Fischer Verlag GmbH, Frankfurt am Main

Roger Willemsen, Vorbemerkung. Aus: Roger Willemsen, Unterwegs. Vom Reisen. Mit einem Nachwort von Insa Wilke. © 2020, S. Fischer Verlag GmbH, Frankfurt am Main

Wir danken den Autor:innen und Verlagen für die freundliche Abdruckgenehmigung.

---

* Der Begriff „Indianer“ geht auf einen kolonialen Neologismus und den irrtümlichen Glauben Christoph Kolumbus', er sei in Indien gelandet, zurück. Er wurde auch nach der Aufklärung des Fehlers beibehalten und war lange eine vorrangig neutrale Bezeichnung für die indigenen Völker Amerikas. Aus heutiger Sicht ist dieser Begriff kritisch zu betrachten, da er eine kolonialzeitliche Fremdbezeichnung ist und eine Homogenisierung nicht zusammenhängender Gruppen darstellt.